狭くても美しく心地よい空間づくり

はじめての極小ガーデニング

アトリエフィーズ 谷川文江

家の光協会

はじめに

5坪足らずのとても小さな庭に、樹木と宿根草を合わせて約80種類、品種違いや一年草を合わせると約100種類近くの植物を育てています。庭で育てたグリーンを、わたしが主宰しているイギリスタイルのフラワーアレンジメント教室のアレンジに使ってもらうために、庭づくりを始めたのです。生徒さんからは「狭くても素敵な庭をキープする秘訣を知りたい」との声をたくさんいただいてきました。

この庭を作り始めてから25年近くが経ち、その間、環境が合わずに枯れたり抜いてしまった植物もありますが、あまり手をかけなくても育てられる植物が残って、現在の庭を彩っていることを思うと、一度や二度の失敗を恐れずに続けてきてよかったと思っています。狭い場所でガーデニングを始めるには、ちょっとしたコツを知るとうまくいくことを伝えたくて、長年実践してきた育て方や植物をよく観察することで得られる工夫を1冊にまとめました。

本書では、1㎡の場所に作るイングリッシュガーデンの作り方や、植物を長く育てる方法、暮らしの中でガーデニングを楽しむさまざまな方法をご紹介しています。一度その地に根づいた植物は、意外と強く、長い間わたしたちの暮らしを楽しいものにしてくれます。ガーデニングの魅力は、植物がわたしたちとともに成長し、楽しさや喜びをくれることにあると思います。

小さな庭がもたらしてくれる豊かな暮らしは、最小限のお手入れで手に入れることができます。この本が、狭くても美しく心地よい庭にしたいと願う皆様にとって、少しでもお役に立つ1冊になりましたら幸いです。

アトリエフィーズ
谷川文江

Contents

3章　小さな庭を長く楽しむためのおすすめの植物

4章　極小ガーデニングをもっと楽しむ

本書の使い方

○開花期や収穫期、植えつけなどの作業の時期は一般地(暖地)の目安です。
地域、栽培環境、品種などによって作業時期が異なりますので、
苗のラベルなども参考に調整してください。

○本書で紹介している植物名は、一般的に流通している名称です。
正式な植物名とは異なるものもあります。

○植物を育てる際は、私有地以外の土地に植物が伸びたり、
枝が隣地にかかったりしないように気をつけましょう。

○植物には有毒なものがあるので、小さな子どもやペットがいる場合は
特に誤食に注意しましょう。

○なるべく農薬を使わずに育てる方法を紹介しています。
使用する場合はかならず商品のラベルや説明書に従い、
適正に使用してください。

1章

極小スペースでも
ガーデニングは楽しめる

わたしが20年以上にわたり実践している、
ほんとうに小さな庭でも楽しめる
ガーデニングのポイントや、その庭の顔ともいえる、
1㎡でもできるイングリッシュガーデンの実例、
季節の移り変わりなどを紹介します。

小さな庭を成功させる
4つのポイント

5坪足らずの小さな庭で、四季の庭づくりを楽しんで20年以上。
わたしがたどりついた、狭くても庭づくりが成功するための4つのポイントを紹介します。

❶ どんな庭にしたいかをイメージする

小さなスペースだからこそ、庭づくりの前にどんな庭を作りたいかを考えることで、イメージする庭に近づけることができます。

■実のなる木やハーブがある庭を作りたい
■季節の花が咲く庭を作りたい
■バラのある庭を作りたい
■テーマカラーのある庭にしたい

植物によって手間のかかり具合は違うので、これらの方向性を決めることで具体的に植物を選ぶヒントにもなるでしょう。トレリス（植物をからませて飾るデコレーションフェンス類）などが設置できれば、狭くてもより立体的な庭ができる可能性が広がります。庭の環境と照らし合わせて考えてみるとよいでしょう。

また、テーマカラーを決めると、まとまりのある印象の庭を作ることができます。

❷ 日当たり（日照時間）・土壌をチェックする

植物は日照時間によって育つ種類が変わってきますので日照条件を確認しましょう。

■半日以上、日が当たるひなた
■2～3時間、日が当たる半日陰
■ほとんど日が当たらない日陰

すべての植物が南向きでないといけないということはなく、半日陰でも育つ植物もあるので、まずは自身の庭の環境を知ることから始めてみましょう。土壌については、初めてガーデニングを始める場合、植物が育ちやすい土づくりからスタートしましょう。

■腐葉土
■馬糞・牛糞堆肥
■燻炭

これらをもとある土にすき込んでいきます。通気性と保水性をよくして、植物が育ちやすい土を作ることが大切です。土も育てていく感覚で、年に一度はこれらの作業を行います。土が元気だと、最小限の肥料や農薬でも植物は元気に育ちます。

❸ 植物の性質を知る

植物には大きく分けて、植えっぱなしでも何年も育つ宿根草や樹木と、毎年植え替えが必要な一年草（一年草扱い）があります。その違いを知れば、庭の奥のほうに植え替えがいらない宿根草を植え、手前に一年草を植えるなど、デザインを考えることができるでしょう。

宿根草

耐寒性と耐暑性があるので、寒さや暑さに強く一年中植えっぱなしでよい植物のことを指します。冬場でも枯れないものや、根の部分は生きていても、冬場は地上部が枯れるものがあります。

■おすすめの宿根草

ラベンダー　ラバンディン系‘グロッソ’、
クリスマスローズ、アイビー、
センテッドゼラニウム（冬に地上部が枯れる）

樹木

地植えにすると大きくなりすぎる樹木は剪定が必要ですが、鉢植えにすると見映えがよく育てられる種類もあります。

■鉢でも育てられるおすすめの樹木

ミモザ、レモン、オリーブ、トネリコ、ローズマリー

一年草と球根

季節が過ぎれば枯れていく植物のことを指します。期間は3か月から半年ほどのものが多いですが、季節を感じることができ、華やかな庭を演出できます。

■おすすめの一年草と球根

春：パンジー、ビオラ、アリッサム、プリムラ
夏：ペチュニア、インパチェンス、サルビア、千日紅
秋：コスモス、ストック
冬：チューリップ、ムスカリ、ヒヤシンス（春に向けて球根を植える）

花が咲く1～2か月前頃に植えつけを済ませます。春先の球根は晩秋以降に植えつけますが、地上部がさびしくなるので、その上にパンジーやビオラなどを植えるとより華やかに春を迎えることができるでしょう。

❹ 庭とのつき合い方を考える

庭を作りたいけれど、どうお世話したらよいか心配になるかもしれません。小さな庭のお世話は意外と短時間でできることを紹介します。楽しむコツは、日々の暮らしのルーティーンに組み込むこと。仕事や外出の予定があっても、出かける前の5〜15分でできるガーデニングライフが楽しめます。

お手入れ

■日頃の作業

（所要時間約5〜15分）

春：週1、2回の水やりと花がら摘み
初夏：週2、3回の水やりと花がら摘み
夏：毎日の水やり
真夏：毎日朝晩の水やり
秋：毎日の水やり
晩秋：週1、2回の水やり
冬：10日に1回の水やり。雨が降ればやらなくてもよい

■季節の作業

（所要時間約2時間／年3回／庭の広さ5坪）

春：施肥・夏の花への植え替え
秋：施肥・剪定や来年の春に咲く花を植える
冬：施肥・剪定や土づくり、春に咲く球根を植える

タイプ別おすすめの植物

■忙しい方には

宿根草で乾燥気味が好きな植物を

ローズマリー、ラベンダー（ラバンディン系‘グロッソ’）、アイビー

■実の成る木や花を育てたい方には

少しの手入れで楽しめる植物を

オリーブ、レモン（リスボン種）、バラ（‘アイスバーグ’‘ピエールドゥロンサール’など）、アジサイ

■季節の花を楽しみたい方には

植え替えが必要な植物を

パンジー・ビオラ、ペチュニア、フレンチラベンダー

それぞれの生活環境に合った植物を選んで、楽しいガーデニングライフを始めてみましょう。

極小ガーデニング

用意するもの・あると便利なもの

小さな庭でガーデニングを始めるときに、使いやすい道具をそろえておけば、
楽しく庭仕事が続けられます。一度にそろえるのはたいへんなので、
手持ちのものを使って、少しずつそろえてもよいでしょう。
最小限の道具でできるよう厳選して紹介します。

■用意するもの

ガーデン手袋

手のひら側がラバーになっているものを選ぶと、水に濡れてもしみこまず、バラのとげなどが刺さる心配もありません。土が爪に入ることもないので、手袋をはめることをおすすめします。

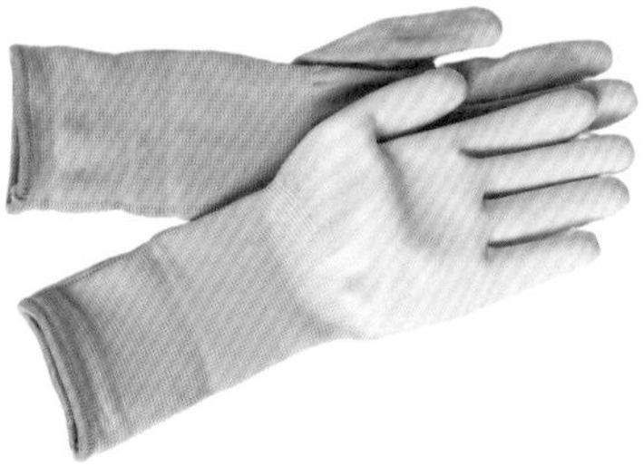

ジョウロ

植物の水やりに使います。花や葉に水がかからないほうがいい植物のために、根元に水やりしやすいヘッドが外れるタイプがおすすめ。大きすぎると置き場所にも困りますし、持ち上げるのがたいへんです。毎日使うものなので、使いやすい適度な大きさのものを選びましょう。

移植ごて（スコップ）

植物を植える時や土を入れ替える時、土を掘り返すために使うもの。握りやすくて柄のしっかりしたものを選びましょう。デザイン優先で耐久性が弱いものを選ぶと、柄が曲がってしまうこともあるので注意します。

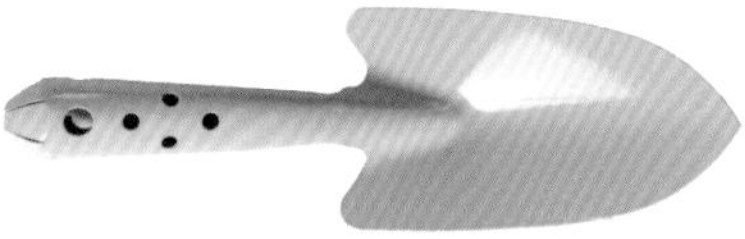

土入れ用スコップ

袋から土をすくって、鉢や地面に移す時に便利。大きさは大・小ありますが、数多く用意する必要はないので、小さな鉢や狭い場所に土を入れる時は、移植ごてで代用してもよいでしょう。

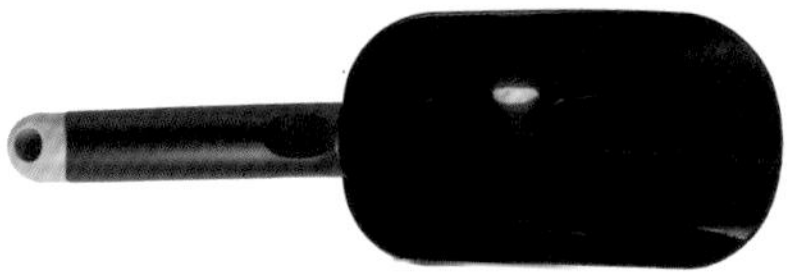

園芸バサミ・花バサミ

花がら摘みや剪定をする時に使います。切れ味がよい良質なものを選ぶと長く使えるのでおすすめです。お手入れは使い終わった時に、まず濡れタオルで拭いてから乾いたタオルで拭き、乾かしてから保管しましょう。

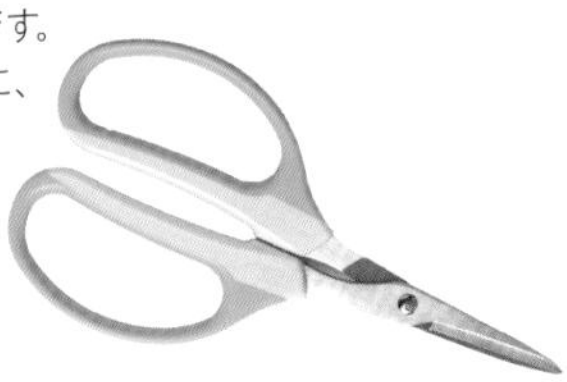

剪定用ノコギリ

枝を剪定する時にあると便利。太い木は目の粗いノコギリを、細い木は目が細かくて折りたためる、コンパクトタイプのものを使い分けてもよいでしょう。

あると便利なもの

植木鉢

小さな庭では植えるスペースが狭いこともあり、樹木やバラ、草花を鉢植えで育てています。移動できることや、生育旺盛な植物でも大きくなりすぎない点などがメリットです。

プラスチック鉢

おすすめは、底に穴があるだけでなく、サイドにもスリットが入っているもの。このタイプは排水性がよく、軽くてサイズも豊富なので初心者でも安心して育てられます。本書で紹介しているポットハーブやバラはこの鉢で育てています。

セメントで作られた鉢

底穴がひとつの場合が多いので、水はけがあまりよくなく、大きく育つものを植えると根詰まりする可能性があります。アイビーやローズマリーなど、水やりの回数が少なくて済むものが向いています。大きなセメント鉢は、植えつけて水をやると重さで動かせなくなるので注意します。

素焼きの鉢

底穴がひとつの場合が多いので、セメントの鉢同様水はけがあまりよくなく、大きく育つものを植えると根詰まりする可能性があります。小さい素焼きの鉢にハーブなどの苗を植えると、特に夏場は水分が蒸発しやすく、水枯れを起こしやすいので注意しましょう。

アームカバー

植え替えなどの作業時に袖口が汚れるのを防いだり、剪定の時に枝やとげが衣服の袖口にひっかからないので便利。

アイアントレリス

サイズやデザインがいろいろあるので小さな庭のアクセントになるほか、つる性植物やバラの誘引にも使え、狭いスペースを有効活用できます。

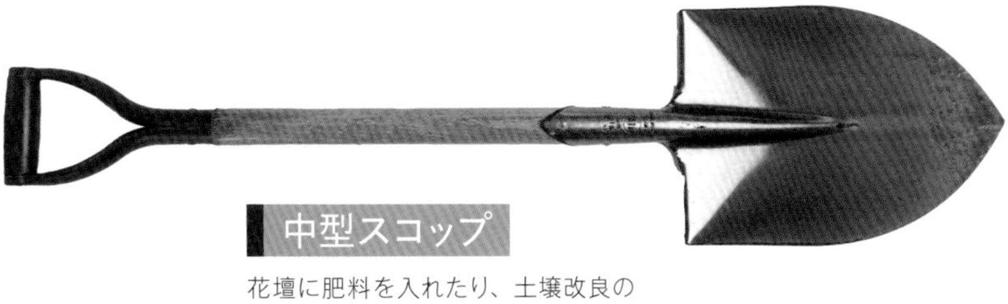

中型スコップ

花壇に肥料を入れたり、土壌改良のために耕すのに便利。作業が早く進みます。

小さな花壇で

1㎡のイングリッシュガーデン

小さい庭でも、イングリッシュガーデンを作ってみようとプランを考えました。
イメージしたのは、塀の前に作るボーダー花壇。
奥に背の高い植物を、手前になるにつれて低い植物を植える手法です。
庭の花壇に、横1m、奥行き1mのイングリッシュガーデンを作りました。

苗選びから植えつけまで

苗選びの時期と植えつけ時のポイントが、イングリッシュガーデンを長く楽しむためのコツになります。
苗を園芸店やホームセンターで購入する時、ラベルを見れば開花期や耐寒性、耐暑性など
の情報が記載されているのでかならずチェックを。インターネットで購入する時は、
育て方の注意点などもよく読んでから選びましょう。
まずは苗選びから植えつけまでの流れをご紹介します。

1 耐寒性のある植物で花が咲く前の苗を購入する

12月頃から2月頃、耐寒性のある植物で、花が咲く前の苗を購入しましょう。そうすることで、枯れずに冬を越せて花が強く大きく育ち、また花が咲くまで数か月楽しめます。開花した苗で花壇を作ると、観賞期間は2週間から1か月と短くなります。他の時期に購入する場合もなるべく花を長く楽しむために、開花前の状態でつぼみがたくさんついたものを選びましょう。花期の長い一年草のパンジーやペチュニアは、花が咲いていても花がら摘みや切り戻しを続けながら半年程度楽しめます。

2 様子をみてから配置・植えつけする

特に冬の場合は、いきなり植えつけずにポット苗のまま植えたい場所に置いて、その場所の環境に慣らすため1週間ほど様子をみます。その後、ポットから出して実際に配置してから植えつけましょう。冬以外でも植えつける前に地面に置いて、場所を確認して様子をみてから植えましょう。

3 植えつけ後1〜2週間は1分チェックを

植えつけてから1〜2週間、新しい環境に慣れるまではより注意をして観察することが必要です。毎日1分でいいので、様子をみて土が乾燥していないか、葉がしおれていないかなど、チェックしましょう。p.18で紹介する植物は耐寒性が強いので、初心者にもおすすめです。

植えつけ直後

植えつけた後1〜2週間は、毎日よく様子をみて観察することで、「葉がしんなりしている」「張りがある」などがわかるようになる。ラベルに「乾燥気味に育てる」とあっても、晴れた日が続いて葉がしおれたら水をやること。

植えつけ10日後

しっかりと根づいて葉の成長が見て取れる。この状態になったら、枯れる心配は少なくなる。引き続き様子をみながら、土が乾いたら水をやることを徹底する。

苗選びのポイント

高低差をつけて植物を用意すれば、狭い庭でも奥行きを感じさせることができます。
苗は成長後の大きさを意識して、詰めすぎずに植えられる数を用意しましょう。
翌年以降も花を咲かせ続けるためは、宿根草を選ぶことが大切です。

背が高くなる植物

背が高くなるものをボーダー花壇に取り入れる時は、花茎の下から順に花が咲くものを選ぶと、長い期間楽しめます。また、咲いた時に折れないように、途中で支柱を立てるとよいでしょう。

ジギタリス ‘カメロットラベンダー’
草丈100～120cm 開花期4～6月

ジギタリス ‘シルバーフォックス’
草丈60～80cm 開花期4～5月

バーバスカム ホワイト
草丈40～60cm 開花期4月

アンチューサ ‘ドロップモア’
草丈80～100cm 開花期4～6月

背が低い植物

花壇の中で高低差をつけるために、背が低い植物を選びます。背が低くても横に広がって伸びる植物もあるので、成長したときの大きさに注意して、詰まった印象にならないようにしましょう。

オダマキ（ピンク）
草丈30cm程度 開花期4～5月

オダマキ（紫）
草丈30cm程度 開花期4～5月

バコパ
草丈10～20cm 開花期4～11月

ネペタ（キャットミント）
‘ファッシーニホワイト’
草丈30～50cm 開花期4～6月

花が終わっても葉を楽しめる植物

花が終わっても、葉の色が明るく鮮やかなものを選ぶと長く楽しめるのでおすすめです。

クリスマスローズ
草丈30～50cm 開花期12～5月（品種による）

ローズゼラニウム
草丈50cm程度 開花期5～7月

ラムズイヤー
草丈30～50cm 開花期5～7月

レモンバーム
草丈30～50cm 開花期6～7月

植えつけ前に配置を考える

高さ別の植物を選ぶことに加えて、比較的乾燥を好む植物を選べば、
水やりの頻度をそこまで心配しなくても大丈夫。
花の色は、白、ブルー、薄紫、ピンクでまとめて統一感を意識し、配置を考えます。

統一感のある花の色がグリーンに映える、5月のイングリッシュガーデン。

カラーコーディネートを意識した配置のポイント

カラーコーディネートを考えながら植栽された5月のイングリッシュガーデン。隣に植える色が同系色から類似色になるように配置している。カラーコーディネートはピンク～薄紫～ブルーまでの展開に白が入っている。

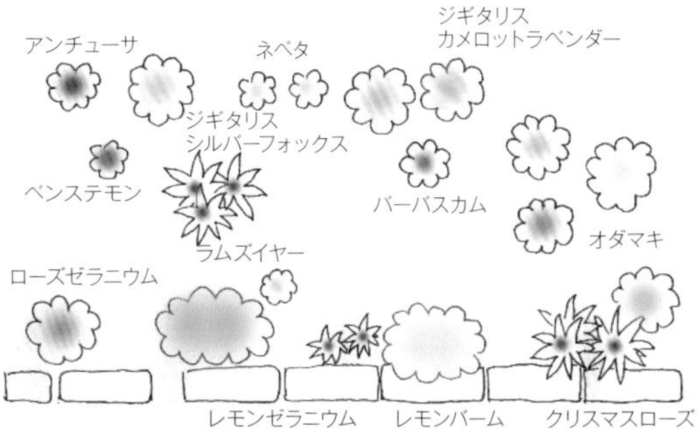

色を意識して植えつけておくと、植物の追加もしやすい。

おすすめアイデア

ホームセンターやガーデンセンターで入手できる枕木を壁に見立てて設置。スペースが狭いため、長さは段差がつくように、厚みは半分に切ってもらい使用。20cm深さの穴を掘り、砂利を入れて、速乾性のコンクリートを流し入れて、固定している。枕木の代わりにトレリス（p.15）を使うと手軽に設置できる。

成長をイメージした植えつけを

狭いスペースにあれもこれもと植えたくなりますが、植物が成長するスペースを確保して植えつけます。途中で別の植物を追加する場合もアレンジしやすくなります。
成長した植物の背丈や花の色のバランスを意識して植えつけましょう。

1 1～3月初旬に植えつけを始めます。植えつける1週間前には、花壇の土に1㎡あたり化成肥料（3つかみ）や土壌改良剤（4つかみ）、馬糞堆肥または牛糞堆肥（4～5つかみ）をすき込みます。保水性や排水性、通気性、保肥力がよくなり、すき込んだ直後に植えるよりもしっかり根づきます。

2 苗をポットから外し、根が密集していたら、根鉢をやさしく崩します。通気性がアップし、育ちがよくなります。また、株元に傷んだ葉があったら取り除いておくと、病害虫の予防にもなります。写真右はそれぞれの苗を植えつけた状態。植えつけ後、2週間は土が乾いていることを確認して、4、5日に1回、午前中に水やりします。

水やりのポイント

冬～初春 2～3月…地植えの場合は、4、5日に1回、午前中にやるのが目安。晴天が続いて葉がしんなりしているようなら、すぐにたっぷり水やりしましょう。気温が低い時期は、夕方以降の急激な気温低下で水分が凍り、苗や根を傷つける場合があるので避けましょう。

春 3月末～5月…最高気温が20度を超えてきたら、2、3日に1回水やりします。晴天が続く時は、毎日あげたほうがよいでしょう。土や苗の状態を観察して、雨が降った時や曇りの日が続く時は回数を控えます。乾いていたり、しおれているようなら、すぐに水やりしましょう。

植えつけ1か月後の3月には、しっかり根づきました。手前には5年前から植えっぱなしにしているヒヤシンス（p.44）が咲き始めました。

季節別 イングリッシュガーデンのお手入れのポイント

小さくても季節によって表情を変えていくイングリッシュガーデン。
季節別のお手入れの方法とポイントをご紹介します。

春〜初夏

5月になると、ジギタリスとアンチューサが見頃を迎え、つるバラの‘アイスバーグ’や‘ブランピエールドゥロンサール’との組み合わせがいっそう華やかに。イングリッシュガーデンがもっとも輝く季節です。長く楽しんで、次の季節につなげるためにお世話しましょう。

春から初夏の手入れ

■花がら摘み

枯れた花を茎のつけ根で切り取ると、次の蕾ができる。種を作らせないことで、株が弱らずに長く花を咲かせられる。

■水やり

20度を超えると急に土が乾燥するので、土が乾いたら午前中に水をやる。この時期はまだ夜に気温が下がる時があるので、夕方以降は控える。

■施肥

冬に馬糞堆肥や牛糞堆肥を入れているので、多くは必要ない。バラには花後に肥料をあげておく。

■剪定

花後のバラとアジサイは剪定を。

夏〜初秋

近年の夏の温度の高さと日差しの強さに、植物の夏越しには特に気を遣います。イングリッシュガーデンに植えた植物は、耐寒性は強いですが耐暑性がやや弱いものがあります。
対応策として、しおれていたら昼間でも水をあげましょう。夕立が降った後植物が元気になることもありますが、気づいたときにあげましょう。

夏から初秋の手入れ

■水やり

夏：毎日水をやる。
真夏：毎日朝晩水をやる。夜にやっても問題ない。小雨が降った後も水やりをする。

■施肥

この時期は不要。

■剪定

込み合っているキャットミントやレモンバームなどのハーブは、風通しをよくするために半分くらいに剪定する。ラベンダーは花が残っていたら切り取る。

同じ日の朝と14時頃撮影。朝に水をやっても（写真上）、14時頃の強い日の光にしおれているレモンゼラニウム（写真下）。水をあげてもしおれている場合は様子をみましょう。夕方には元気を取り戻すこともあります。

毎年冬場に、堆肥や腐葉土をすき込んで年に一度の土づくりを行います。来年大きな花を咲かせるために、挿し芽や株分け、新しい球根の植えつけなども同時期に行います。地上部の古くなった枝は切り詰めて、春の芽吹きを待ちます。

冬に一度だけ！ 翌シーズンのための作業

古い枝を切る

レモンバームは耐寒性があり、屋外で冬越しができます。多年草のため、冬に地上部が枯れても翌年には芽をつけて新しい葉が生えてきます。レモンバームやタイム、セージなどは長く育てていると茎の部分が硬く、木質化するので、新しい茎を伸ばすために古い枝を切る作業をします。

挿し芽でふやして株分け

ジギタリスは株がふえるので、2月頃挿し芽でふやします。育ったものを冬の間に株分けします。あまり肥料を必要としないため、市販の花の培養土だけを足しています。

晩秋から冬の手入れ

■水やり

20度を下回ったら、土が乾いてから水をやる。
10度を下回ったら、土の表面が湿っている場合や、雨が降った場合は水をやらない。
晴れの日が続き、土が乾いたら午前中に水やりする。

■施肥

馬糞堆肥や牛糞堆肥、腐葉土、燻炭などをすき込むと、通気性と保水性のある土ができる。

■剪定

つるバラは細い枝を落として誘引する。ローズマリーやレモンバームなどのハーブも、枯れた茎や伸びすぎた茎を切り詰める。

■挿し芽

センテッドゼラニウムやジギタリスは挿し芽でふやす。土づくりが終わった後、地面に挿せば根づいてくれる。クリスマスローズは株分けをして植えつける。

玄関先で

30cm角のミニミニ花壇ラベンダー

玄関脇にある、変形した30cmくらいの幅のスペースに
新しい土を入れてとても小さな花壇を作りました。
なるべく手がかからず、翌年以降も咲いてくれる植物を考えて、ラベンダーを選びました。

ラベンダー
シソ科ラベンダー属（ラバンデュラ属）
原産地　地中海沿岸地方
～西アジア
開花期　5月下旬～7月

ストロングタイム
5～10月まで長期間花を楽しむことができる暑さに強いイングリッシュラベンダー。鉢植えでも地植えでも、切り花やドライフラワーで室内でも楽しめる。

小さなスペースを生かすポイント

特に小さなスペースに植物を植える場合、色は同系色のもの、植物は花とグリーンを1種類ずつ選ぶとすっきり見えます。今回は、隣にアイビーが植えてあるので、ラベンダー2種を選びました。同じ種類の植物のほうが、水やりの頻度などの管理方法が同じなので、育てやすくおすすめです。

ラベンダー選びのポイント

近年の夏の暑さに耐えられる、耐暑性のあるイングリッシュラベンダー（アングスティフォリア系）や、ラバンディン系（イングリッシュラベンダーとスパイクラベンダーの交雑種）の品種を選ぶと、関東以西の平地でも育てやすいのでおすすめです。ラベンダーは日当たりを好むので、南向きの玄関やちょっとしたスペースにぴったりです。

ブルーセント
イングリッシュラベンダーの中でも耐暑性が強く、育てやすい人気品種。株張りと花上がりがよく、可憐な長めの花茎はしなやかに伸び、ボリュームがある。

長く楽しむポイント

ミニミニ花壇の作り方

ごく小さなスペースでも毎年花を咲かせるラベンダーの花壇作りと、
長く咲かせるための夏越しの方法を紹介します。

1 もともとあった玄関脇のごく小さなスペース。アイビーがかなり旺盛に繁っていましたが、切り戻してすっきりさせて、花壇を作ります。

2 5月下旬、植えつけの1週間前に、土を15cm深さ掘り、新しい土を土入れスコップ1杯、馬糞（牛糞）堆肥・土壌改良剤各ひとにぎり、化成肥料（有機質肥料50％配合のもの）ふたつまみを入れて混ぜておき、植えつけました。

3 ストロングタイムのほうが背丈が高いので後方に配置しました。しっかり根づいて大きく育つには1～2年必要です（育て方はp.60を参照）。

ラベンダーの夏越し

一般的なイングリッシュラベンダーより耐暑性がある品種でも、
猛暑の夏を乗り越えるのは厳しいもの。元気を取り戻す方法を紹介します。

1 花が終わった8月頃。猛暑が続いてしおれたようになってしまいました。地面近くは特に湿気が溜まりやすく葉や茎が密集しがちなので、地面に接している枯れた葉や茎を取り除きます。

2 傷んでいた部分を中心に、3分の1の背丈まで切り戻しました。葉がついている部分の少し上を切ります。葉を残しておくことで翌年新しい枝が育ちます。

夏の水やりのポイント

一般的にラベンダーは乾燥気味に育てますが、30度を超える日が続く時は毎日水をやりましょう。小さな花壇や鉢の場合は、朝晩でも構いません。気温が下がってきたら回数を減らします。

3 その後9月頃の様子。茎の高さを短くすることで、株全体の風通しがよくなります。4つの苗のうち、ひとつは夏を越せずに枯れてしまいましたが、3つは秋の間に穂先に新しい葉が出てきました。

小道で

季節を楽しむ鉢の置き換え

植物の彩りを眺められる、小道のある庭は憧れのまとです。でも、極小の庭で本格的な小道を作るのは難しいもの。鉢を置き換えることで、手軽に小道風の演出ができ、季節ごとの楽しみがぐんと広がる方法を紹介します。

写真右手前が地植え、左と右奥が鉢植えのアジサイ。

6月

アジサイとハーブの小道

地植えと鉢植えの両方で育てている植物があれば、グルーピング（まとめ）しておくと印象的な庭を作ることができます。イングリッシュガーデンのそばに置いていた鉢植えのアジサイを、地植えのアジサイのそばに置いて小さな小道を演出しました。鉢を動かすだけで印象を変えられ、とても手軽にできます。注意するポイントは、日当たりを急に変えないこと。急激な環境の変化で、株が弱ってしまいます。今回のアジサイの移動距離は3mで、同じような日当たりの場所への移動です。

上から見たところ。鮮やかな黄緑色のレモンバームはさわやかな芳香も魅力。地植えのアジサイの花色が映える。

9月

実のなる木と灌木の小道

この場所に植えてある・置いている木々は、花を咲かせたり実をつけたりするものですが、その時期はさまざまです。9月に入ると白式部が白い実を揺らせ、レモンが大きく育ってきました。ブルーベリーは今年植えつけたので、現在は葉だけになっています。剪定した後のアジサイのグリーンと、咲き終わったクチナシのつやのある葉の美しさに癒やされる小道です。

①**トネリコ**　モクセイ科トネリコ属（→p.80）
②**白式部**　クマツヅラ科ムラサキシキブ属
③**アジサイ**　アジサイ科アジサイ属（→p.52）
④**レモン**　ミカン科ミカン属（→p.76）
⑤**ブルーベリー**　ツツジ科スノキ属
⑥**クチナシ**　アカネ科クチナシ属
⑦**レモンバーム**　シソ科コウスイハッカ属

白式部
鉢植えで育てています。肥料は半年に1回くらいの割合で馬糞（牛糞）堆肥をひとつかみ与えるだけ。実が終わって、冬になると落葉するので、その頃に剪定をしています。

ブルーベリー　ラビットアイ系'B・オースチン'
鉢植えで育てています。あまり手入れをせずにいますが、虫もつかず元気に育っています。生育過程を観察中しながら、半年に1回馬糞（牛糞）堆肥を与えます。ゆくゆくは実を成らせるために、異なる品種をもう1本植える予定です。

クチナシ
鉢植えで育てています。半年に1回馬糞（牛糞）堆肥を与えています。毎年8月の終わり頃に、オオスカシバの幼虫に葉を食べられるので、年1回だけその頃に薬剤を散布しています。それ以外は手がかからず、毎年花を咲かせてくれます。

10月

アスターとアメジストセージの秋色の小道

秋が深まり、気温が低くなってくると、だんだんと花が少なくなり、さびしくなってきます。
晩秋まで長く咲き続ける花や、印象的な色の花を加えると、
秋らしさのあるスペースを演出できます。

中央奥の鉢：アスターとレウコフィラム
（ゴマノハグサ科レウコフィラム属）常緑低木
中央手前の鉢：アスターとペチュニア'湘南ヴェルデ'
（ナス科ペチュニア属）多年草

9月の終わりに植えた宿根アスターは、耐暑性、耐寒性が高い丈夫な多年草。初心者にも育てやすく、ボリュームのある花がよく咲いて、開花期間が長いのも魅力です。花色は白やピンク、赤、青、紫など幅広く、品種も豊富なので、庭のイメージに合わせて選びましょう。今回は紫色の'ビクトリア'を主役に鉢に寄せ植えして、グリーンの葉が繁る小道のアクセントにしました。組み合わせる植物は、適した環境や育て方が近い植物を選びましょう。日当たり、水はけのよい場所を好むので、狭い小道でもなるべく日が当たりやすい場所に置きます。

宿根アスター
キク科シオン属（アスター属）
原産地　北米
開花期　8～11月

アメジストセージ
（サルビア・レウカンサ）
シソ科サルビア属
原産地　中央アメリカ
開花期　9～11月

10月に入って、大きく育ったアメジストセージを購入しました。背が高いので小道の奥に置いて、奥行きを感じさせるようにします。花のように見える濃い紫色のがくが、まわりの花とともに秋らしいグラデーションを作っています。アメジストセージは成長が早いので、大きくしすぎないためには鉢植えにするのがおすすめです。強風で倒れることもあるので、環境によっては支柱を立てたほうがよいでしょう。

お手入れが楽で、見栄えがする

初心者におすすめの長く楽しめる花

せっかく花を植えても、すぐに元気がなくなったら残念なもの。
ここでは、初心者に特におすすめの育てやすくて見栄えもする、
開花期が長いお花を開花期別に紹介します。

ジギタリス

【花期】4～5月
オオバコ科キツネノテブクロ（ジギタリス）属　耐寒性・耐暑性あり　二年草、多年草
背が高く、つぎつぎに花を咲かせるジギタリスは、庭の中でも存在感抜群。'カメロットラベンダー' は花が咲き進むにつれて、花がクリーム色からラベンダー色に変化します。'シルバーフォックス' はふわふわとした織毛が生えたシルバーグリーンの葉に、クリーム色の花が印象的な品種です。

'カメロットラベンダー'

'シルバーフォックス'

アンチューサ

【花期】4～6月
ムラサキ科ウシノシタグサ（アンクサ）属　耐寒性あり　二年草扱い
ワスレナグサに似た可憐な花を咲かせ、ハーブとしても知られているアンチューサ。やせた土地でも育つ丈夫な花です。高温多湿にやや弱いので、切り戻しをするなどして蒸れないように気をつけます。'ドロップモア' はイングリッシュガーデンらしい美しいブルーが魅力です。

'ドロップモア'

ニーレンベルギア

【花期】5～10月
ナス科アマモドキ属　耐暑性あり・耐寒性ふつう　一年草、二年草、多年草
ドーム状、マット状、直立性など、育つタイプがさまざまなニーレンベルギア。花壇や鉢植えで楽しめ、1年を通して戸外の日なたで管理できます。'オーガスタ' は特に丈夫で暑さに強く、こんもりとドーム状に育ちます。わき芽がどんどん伸びてつぎつぎに花を咲かせます。

'オーガスタ'

ハナトラノオ

【花期】7～10月
シソ科カクトラノオ（フィソステギア）属　耐暑性・耐寒性あり　宿根草
濃桃色～ピンク色、白色などの細長い四角錐の花穂をもつハナトラノオ。下から順に花を咲かせていきます。強健で地下茎を伸ばして広がる、育てやすい宿根草です。肥料もほとんどいりませんが、乾燥しすぎないよう気をつけます。株分けでも簡単にふやすことができます。

カクトラノオとも呼ばれる

ロベリア

【花期】4～11月
キキョウ科ミゾカクシ（ロベリア）属　耐暑性・耐寒性あり（品種による）　多年草、一年草、宿根草
一年草タイプのロベリアは暑さに弱く、梅雨明け後には枯れることが多いので、耐暑性がある宿根草タイプを選ぶと育てやすいでしょう。肥料もほとんどいりませんが、乾燥しすぎないよう気をつけます。宿根草タイプは株分けや挿し芽でもふやせます。

'夏子ブルーアイ'

Column 1

特に狭いスペースで

玄関まわりや隣家との境界など、わが家の庭の
ちょっとしたスペースに、こぼれ種から生えてきた木々が育っています。
野鳥のモズやヒヨドリがよくやってくるので、鳥たちが運んだのかもしれません。
思いがけない出会いを楽しむのもいいものです。

こぼれ種から育った木は、家を建てた2000年頃から生えてきたものも。大きく育つまでには10年から20年の歳月が必要ですが、こぼれ種で生えるくらいなので、特に肥料や水をやらなくてもよく育ちます。最初のうちは木の種類がわかりませんが、少し成長すると葉や花、実を見て特定できます。狭い場所で育てているため、年に数回、剪定しています。

アカメガシワ

トウダイグサ科アカメガシワ属

野鳥が種を運んできたのだと思われます。その名のとおり、赤い新芽が印象的な木です。初夏にはごく小さな黄緑色の花が咲き、秋になると種のついた円錐形の房を落とします。種を踏むと地面が紫色になるのですぐに拾います。年3~4回剪定をしています。

クロガネモチ

モチノキ科モチノキ属

つやつやした葉から、ツバキかサザンカかと思っていましたが、2、3年前に赤い実をつけているのを発見して調べたところ、クロガネモチだと判明。お正月には枝を切って、アレンジに使ったりしています。

ナンテン

メギ科ナンテン属

いつの間にか生えてきたナンテン。大きな植木鉢に芽を出しましたが、一度も水をやらずにここまで大きくなっていました。実をつけるようになるまでは数年はかかるようですが、縁起のよい植物ですので、このまま育ててみようと思います。

トネリコ

モクセイ科トネリコ属

知らないうちに生えていたトネリコ（p.80）を、鉢に移植して育てています。簡単に育ちますが、大きくなりすぎるので年4~5回の剪定が必要です。近縁種のシマトネリコは同じく生育旺盛で常緑ですが、トネリコは落葉樹なので冬に葉を落とします。

2章

エリアと季節で楽しむ
極小ガーデニング

わが家の庭を作り替えてきた変遷と、
エリア別、季節別にさまざまな表情を見せる
庭の植物たちを紹介します。

わが家のガーデニング
小さな庭ができるまで

この庭に作り替えたのは、
つる植物が大きくなりすぎて手に負えなくなったことがきっかけでした。
何も植えていない状態に戻してからの庭づくりの経緯や過程、
プランニングのポイントなどを紹介します。

大きくなりすぎたつる性植物

1階の窓を覆うモッコウバラ、
羽衣ジャスミン、ルリマツリ。

つる性植物が好きすぎて伸びるがままに任せた結果、植物たちは壁を覆ってしまいました。採光の問題やナツヅタの秋の落ち葉に悩まされ、撤去することを決意。大好きな植物がはがされて抜き去られるのを見るのはとてもつらいことでした。ここから新しい庭づくりに向けてのプランニングが始まりました。

現在の庭にたどりつくまでにやったこと

① 植物がうまく育たなかったら植え替えてみる
② 完成後の庭をイメージして植物を選ぶ
③ 自分では難しいことは具体的な希望を業者に依頼
④ 失敗から学んだことを次に生かす

リセットしてできあがった現在の小さな庭

植え替えを繰り返しながらできあがった現在の小さな庭。宿根草が根づき、新しい植物の植え替えがだいぶ減ったため、手入れはぐんと楽になりました。生育旺盛なものは大きく育つので、剪定作業を恒例にしています。

園芸業者に頼んだこと

① 既存の煉瓦花壇の撤去
② つる植物の除去
③ 木の剪定
④ アーチの設置
⑤ 煉瓦を敷くこと
⑥ 砂利を敷くこと
⑦ 土入れ

約1か月の間に数回の打ち合わせを経て、1週間の工事を依頼しました。つる性植物の撤去だけでも、男性ガーデナー3人がかりの作業量でした。自分たちでできることには限界があるので、大がかりなものは依頼したほうがいいでしょう。

▼

施工が終わった庭。

元からあったアーチと
新しく設置した立ち水栓。

大事なポイント！

イメージを具体的に伝える

① 全体のデザイン
…フレキシブルに使えるシンプルなデザイン

② 煉瓦の種類
…イギリスのアンティーク煉瓦と、一部は既存の花壇の煉瓦を再利用

③ 砂利の種類と色
…壁の煉瓦がやや暗めなので明るめの色に

④ 立ち水栓のデザイン
…おしゃれでポイントになる白色のもの

ベランダでもガーデニングを

現在の家に住む前の社宅時代は、ベランダでガーデニングを楽しんでいました。ポイントは、チューリップやパンジー、スイセン、フリージアなどの初心者向けの育てやすい植物を選ぶこと。また、ハンギングバスケットなどを使ってスペースを確保したり、日当たりをよくする工夫をすることです。プランターに元肥を入れておけば、土が乾いた時に水やりするだけで季節の花を楽しめます。

自分でやったこと

① **植物の選定・購入**…植え替えの必要がない宿根草を中心に
② **植木鉢の選定・購入**…テラコッタ製からプラスチック製へ変更
③ **植物の植栽**…土入れの1か月後に苗を購入して植えつけ

余裕のある植栽。

大事なポイント！

完成後の庭をイメージして植物を選ぶ

手入れが楽な宿根草を植えて、シルバーリーフのグリーンが多めの植栽に。木々は大きく育ちすぎると手に負えなくなる教訓を得て、鉢植えで育てることにしました。

選んだ植物

■樹木
レモン（リスボン種）
バラ（ゴールデンシャワーズ）
トネリコ（こぼれ種から裏に生えていたものを鉢植えに）
アジサイ

■宿根草
ローズマリー、ラベンダー（ラバンディン系‘グロッソ’）、フレンチラベンダー、セントーレア、レモンバーム、オレアリア

全部地植えにすると立体感に欠けるので、鉢植えで高低差を出した。

失敗から学んだこと

庭を作り始めてから、ローズマリーのように8年経っても元気にしている植物もあれば、数年してから、もしくは宿根草なのに1年で枯れてしまったものがあります。

枯れた原因と改善策

① 気候が合わない ⟶ 気候が合わない植物は選ばない
② 土壌が合わない ⟶ pHを調整するために燻炭や石灰を入れる。または鹿沼土を入れる
③ 水やりのタイミングを間違えた ⟶ 土を触ることで乾き具合を確認する

庭の土壌や気象条件がその植物に合わなければ、うまく育てられません。それは、経験を積んで認識できたことです。成功と同じくらい、それ以上たくさんの失敗をして今の庭があります。これから庭づくりを始める皆さんの参考になったら幸いです。

エリア別　魅せる植栽例

とても小さな庭でも、植物同士の組み合わせの工夫や、
ガーデン資材を生かすことで、エリアごとに印象を変えられます。

つるバラのアーチのエリア

もともと植えていた鉢植えのつるバラ、‘アイスバーグ’だけでは少しさびしいと感じて、同じ白いつるバラの‘ブランピエールドゥロンサール’を加えました。手入れ中、道行く人にかならず声をかけられるお気に入りのエリアです。
‘アイスバーグ’と同じ白いつるバラを加えて、色の統一感とボリュームアップがかないました。奥行きと幅が2mほどのスペースにアーチを斜めに設置することで、それ以上の奥行きが感じられます。つるバラはどちらも鉢植えで育てていますが、1つは煉瓦の上に置いているので移動が可能。もうひとつは鉢底から地面に根を張っているので動かせません。移動する場合は、直接地面に置かないことが大切です。

‘アイスバーグ’／ブランピエールドゥロンサール　バラ科バラ属　‘アイスバーグ’（写真）は病害虫に強く丈夫で初心者にも育てやすいため、庭に植えるのにぴったりな品種。‘ブランピエールドゥロンサール’は、バラの世界殿堂入りした大人気品種‘ピエールドゥロンサール’の枝代わりの白花品種

縦80cm×横100cmの花壇スペース（春）

バラとともに咲くオダマキやビオラなどの春らしい花、小さく可憐なエリゲロンやバコパなどを選ぶと、バラが咲いている間も新鮮な表情をつぎつぎに見せてくれます。

オダマキ　草丈30～50cm
開花期 5～6月

ビオラ　草丈10～30cm
開花期 10月下旬～5月中旬

エリゲロン・カルビンスキアヌス　草丈20～30cm
開花期 春～秋

バコパ　草丈10～20cm
開花期 1～6月、9～12月

花壇スペース（6月）

オダマキの花が終わり、ビオラを抜いた後に、ハーブが黄緑色の丸いかたまりのように育ってきました。新芽の美しさを楽しめる季節です。

センテッドゼラニウム
（レモンゼラニウム）
草丈30～60cm 開花期4～7月

ラムズイヤー
草丈30～50cm 開花期5～7月

レモンバーム
草丈30～50cm 開花期6～7月

ネペタ
（キャットミント
‘ファッシーニホワイト’）
草丈30～50cm 開花期4～6月

これらの4種類は宿根草で、6月に美しく葉を広げ小さな花を咲かせます。センテッドゼラニウムとラムズイヤーは、冬の間に挿し芽をしてふやしたものが半年で大きく育ちました。レモンバームとネペタは冬の間枯れた上部を刈り込んだものが成長しました。

フィカス・プミラのエリア

庭のフォーカルポイントになる緑の壁を作るために、白いアイアンのトレリスにフィカス・プミラを這わせています。生育旺盛で丈夫なので、伸ばしすぎに気をつけます。

鮮やかな小さい緑の葉や、斑入りの葉が人気のフィカス・プミラ。プミラが成長し、トレリスを覆って緑の壁ができるまでの間も、トレリスのラインとプミラの動きのあるつるや葉で、おしゃれに見せられます。

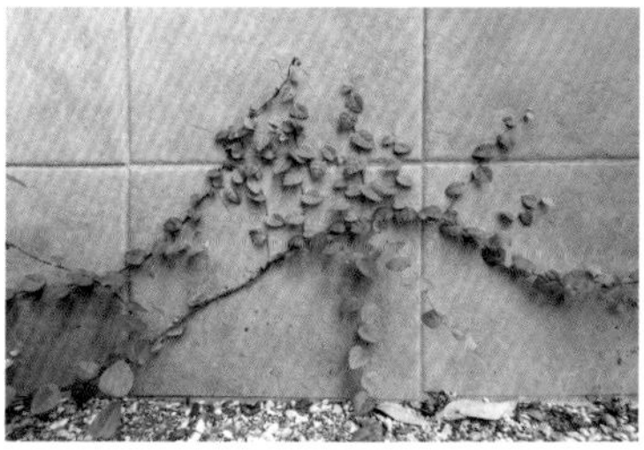

フィカス・プミラ　クワ科フィカス属
関東以西の平野部では冬を越せる常緑扱いのつる性植物で地植えでも育てられる。肥料も必要なく、繁殖力が旺盛で付着根を出して壁に這い登るので、壁には這わせないようにトレリスなどに巻きつけるとよい。根づくとどんどん伸びて壁を覆うので、こまめにはがして切り戻すこと。

オリエンタルユリ　ユリ科ユリ属
水はけがよく、通気性に富み、適度な保水性のある土を好む。耐寒性があり、丈夫で球根でふえ、夏に華麗な花を咲かせて小さな庭のポイントになる。花後は球根を成長させるため、切らずにそのままにしておき、1～2月の枯れた頃に切る。

12月終わり頃、上部と茎が完全に枯れたら、地面から5cmのところで切り取る。新しい土に燻炭と馬糞（牛糞）堆肥をひと握りずつ混ぜて1～2cm厚さくらい覆土する。

このエリアの手前左側には、シルバーリーフのラベンダーとセントーレアを植えている。フィカスが成長途中でも、花やシルバーリーフで華やかに。右側はイングリッシュガーデンのエリアへと続く。

玄関まわりのエリア

玄関まわりの植物は、すべて宿根草です。いろいろ植えているうちに、宿根草が残った形です。家を建ててすぐに植えたリュウノヒゲは24年めになりました。

①アラカシ　②プラム　③オリーブ　④アイビー　⑤ポットハーブ　⑥ラベンダー　⑦クレマチス
⑧リュウノヒゲ　⑨ウンベラータ（夏季のみ屋外に）　⑩ハツユキカズラ、ワイヤープランツ　⑪コニファー‘スカイロケット’
⑫ローズマリー　⑬オカメヅタ　⑭アロマティカス　⑮オノマンネングサ　⑯クロガネモチ　⑰アカメガシワ

肥料は必要なく、夏は毎日水やりをしますが、春と秋は土が乾いたら、真冬の水やりは晴れた日が続いたらやる程度で、ほとんど必要ないほどです。ほぼ常緑のものなので、玄関まわりがグリーンにいつも彩られるのはうれしいものです。

極小ガーデンの季節の移り変わり

5月

■季節のお手入れ…花がら摘みに注力、咲き終わった花の剪定
■害虫…アブラムシを見つけたら捕殺
　　バラ：チュウレンジハバチの幼虫を見つけたら葉ごと切り取る
　　レモン…アゲハが卵を産んだら捕殺
■水やり…土が乾いたら水をやる

一年のうち、小さな庭で最も花が咲く5月。イングリッシュガーデンが見頃を迎えます。この季節はなるべく花が長く咲くように、花がら摘みや虫を見つけたら除虫のお手入れを行います。

6月

■季節のお手入れ…バラが咲き終わった後追肥を与える
　　花がら摘みを行う。雑草を抜く
■害虫…バラ：チュウレンジハバチの幼虫を見つけたら葉ごと切り取る
　　レモン：アゲハが卵を産んだら捕殺
■水やり…梅雨で雨が続く時は、水やりは控える
　　晴れた日があっても土が湿っているようなら、乾いたら水をやる

アジサイが咲き始め、植物の成長に勢いがついてきました。ラベンダー・グロッソの花芽が色づき、レモンの花が咲き、オリエンタルユリの蕾も膨らんできました。

5坪にも満たない市街地の小さな庭ですが、季節ごとに植物たちがさまざまな表情を見せてくれます。毎年、冬から春、そして初夏への移り変わりがとてもドラマティック。1年を通じての極小の庭の作業とこの庭を維持するポイントをご紹介します。

8月

ロベリア‘夏子ブルーアイ’とニーレンベルギア以外に咲く花がなくなり、ほぼグリーンになった庭。

■**季節のお手入れ**…雑草を抜く。暑さに弱っている鉢があれば、日陰に置く
■**害虫**…バラ：チュウレンジハバチの幼虫を見つけたら葉ごと切り取る
数が増えたら殺虫剤で除虫する
レモン：アゲハが卵を産んだら捕殺
■**水やり**…毎日水をやる。35度を超える猛暑日は、朝晩水をやる

2月

剪定や土づくりを終え、春を待つ庭。

■**季節のお手入れ**…バラに寒肥を施す
2月末頃から3月にレモンの剪定と寒肥を施す
■**害虫**…苗や球根を植える時、根切り虫がいたら捕殺
■**水やり**…土が乾いたら水をやる。土が乾いていない時や雨が降れば水やりは不要

Column 2

庭を訪れる鳥と虫たち

街中の小さな庭にも、季節になるとさまざまな野鳥や昆虫がやってきます。
季節の移ろいを、植物からだけでなく鳥や虫からも
感じられるのはうれしいものです。

メジロ

アラカシの枝に置いたミカンを求めてやってきたメジロ。明るい黄緑色の体に、目のまわりの白い縁が印象的です。3月頃の、花がない季節だけやってきます。近くを流れる夙川にはツバキが咲くので、そこをねぐらにしているようです。

ヒヨドリ

3月頃になると、毎年つがいでやってくるヒヨドリ。にぎやかな鳴き声と羽音で、大柄なヒヨドリがやってきたことがすぐにわかります。果物が大好きなようで、オレンジやミカンを食べ散らかしていくのもかわいいものです。

セミ

7月の夕方、生まれて初めてセミの脱皮に遭遇することができました。夜中に脱皮するものと子どもの頃から思っていたので、わが家で見られて感動。いつか見てみたいという願いがかないました。

ヤマトシジミ

10月、シソの花にやってきたヤマトシジミ。街中でもよく見られるシジミチョウです。成虫は背の低い花の蜜を吸うことが多いようです。羽の裏側にある縁の模様が特徴的。

カノコガ

6月、レモンの葉の上にとまっていたカノコガ。黒い羽に、半透明の白い紋様の組み合わせが鹿の子柄を連想させることが名前の由来のようです。昼間に活動して花の蜜を吸うので、一般的なガのイメージとは、かけはなれています。

3章

小さな庭を長く楽しむためのおすすめの植物

それほど手間をかけなくても、小さな庭で
元気に育ち、庭を美しく彩ってくれる植物たち。
おすすめの植物別に、長く楽しむ方法や
室内での楽しみ方を紹介します。

ヒヤシンス

植えっぱなしでも何年も咲き続けています

球根植物は、毎年秋に植えなければいけないと捉えている方も多いようですが、
わが家では一度植えつけたヒヤシンスが、５年以上も毎年花を咲かせています。
鉢植えでも地植えでも、掘り起こすなどの面倒な作業をせずに、
次の年もきれいな花を咲かせるちょっとしたコツを紹介します。

ヒヤシンス　キジカクシ科（クサスギカズラ科）ヒヤシンス属
原産地　地中海沿岸
開花期　３～4月初め

小さな庭での楽しみ方

室内での手軽な水耕栽培で知られるヒヤシンスですが、庭での栽培もおすすめです。わが家では同じ頃に咲くクリスマスローズと、地植えと鉢植えのヒヤシンスが、花の少ない春先の庭をひときわ彩ってくれます。地植えの場合、狭いスペースに詰め込むようには植えず、咲くタイミングが同じ花をそばに植えると華やかに見えます。鉢植えは、短期間なら室内でも楽しむことができます。寒さに当たらないと咲かないので、花が咲くまでは屋外で管理します。植えっぱなしにすると花は小さくなるので、毎年新しい球根を5球ずつ追加しています。

長く楽しむポイント

花が咲き終わった後〜翌春の作業

球根を十分成長させれば、植え替えなしで翌春花を咲かせます。

1 4月上旬頃、花が咲き終わったら花茎を根元から切り取ります。光合成により、球根を大きく成長させるため、葉は残しておきます。

2 葉はそのままにしていると土に触れた部分から腐るため、4月中に麻ひもなどで縛って土がつかないよう、葉を立ち上げた状態にします。

3 6月中旬頃。縛っていた葉がすべて枯れた状態。

4 枯れた葉を手でつかみ引っ張ると、すっと球根から外すことができます。球根は十分成長しています。夏越しは特にすることはありません。

5 次の年の2月末頃、球根から芽が出てきます。

3月中旬頃。開花時、花の重みで花茎が曲がるようなら、支柱を使うとよいでしょう。

育て方のポイント

水やり

冬 鉢植え・地植えとも、土が乾いたら水をあげます。
春 鉢植え・地植えとも、土が乾いたらたっぷり水をあげます。
夏〜秋 鉢植え 乾燥気味にして月に2、3回水をあげます。
地植え ほかの植物と同じように、土が乾いたら水をあげます。

肥料やり

12月頃、球根を傷つけないよう気をつけながら馬糞（牛糞）堆肥（p.86）をすき込んでいます。開花後の球根には肥料は必要ありません。周囲の植物の陰にならないよう、なるべく日当たりをよくして光合成を進め、球根を成長させます。

病害虫

無農薬でも害虫がついたことはないので、あまり心配しなくてもよいでしょう。

春のヒヤシンスとクリスマスローズ。鉢植えなら庭の中でも移動できるので、ほかの花の咲き具合で好きな位置に配置できます。花が終わった後の葉にしっかり日光を当てて球根を太らせても、植えっぱなしの年数が長くなると花はだんだんと小さくなっていくようですが、毎年植えつけずに楽しめるのは大きな魅力です。

クリスマスローズ

庭で長く咲かせて室内でも楽しみ方はいろいろ

可憐な姿で咲くクリスマスローズは
「冬の貴婦人」とも呼ばれ、品種によって開花期がさまざま。
いくつかの品種を植えることで、12月から翌年の5月頃まで
さびしくなりがちな冬の庭で長く楽しめます。
日陰でも育ち、手がかからないうえに切り花やドライフラワーにすれば、
室内をさりげなく彩ってくれます。

クリスマスローズ
キンポウゲ科クリスマスローズ（ヘレボルス）属
原産地　ヨーロッパ、コーカサス、中国西部
開花期　12月中旬～5月

長く楽しむ
ポイント

晩秋の古葉取りと2～3年に一度の植え替え

あまり手間のかからない花ですが、よい花を咲かせ、
花つきをよくするためのひと手間を紹介します。

毎年晩秋に

1 晩秋の頃、株元に光を当てて新芽の成長を促すために、古くなった葉を根元あたりから切り取ります。

2 よく光が当たり、2月頃新芽が出てきました。

2～3年に一度の植え替え（11～3月）

鉢植えの場合は2～3年に一度植え替えるとよく花が咲きます。根を傷めないよう気をつけながら切り分けます。あまり細かく切り分けると生育が悪くなります。切り分けた株をそれぞれの鉢に植えつけます。
大きく育ったクリスマスローズは、生育期の11月から3月の間に株分けでふやすことができます（写真の品種は‘ウィンターベル’）。今回は2月に2鉢に株分けをしました（p.92）。

育て方の
ポイント

植えつけと置き場所

鉢植え・地植えとも、10～3月に植えつけします。苗はポットから外して根をほぐし、水はけのよい土に植えつけを。地植えは木の陰になる場所を選び、鉢植えは夏季に半日陰になる場所へ移すとよいでしょう。

水やり

鉢植え　10～5月は土の表面が乾いたらたっぷり水をあげ、6～9月は根腐れを防ぐためにやや乾かし気味にします。
地植え　夏季に雨がまったく降らない日が続く場合を除いて、水やりは必要ありません。

肥料やり

12月頃、根を傷つけないよう気をつけながら馬糞（牛糞）堆肥（p.86）と腐葉土、燻炭、化成肥料をすき込んでいます。夏季に肥料を与えると、根や株を傷めることがあるので気をつけます。

病害虫

4～11月頃までは、灰色かび病やべと病、アブラムシやハダニなどの病害虫に注意が必要です。気になるようなら薬剤を使用し、見つけたら捕殺します。

室内での楽しみ方

クリスマスローズは一重・二重咲きや半八重咲き、模様入りやさまざまな花色の品種があるのも魅力。花びらに見える部分はがくなので、散ることなくしっかりしています。切り花やドライフラワーにすれば、室内でさらに長く楽しむことができます。

切り花として

1　種をたくさんつけると株が弱るので、種をつける前に花を摘み取りましょう。切り花にするにも早めに摘んだほうがきれいな姿が長もちします。

2　長いまま水に挿すと、しおれやすいため切り分けをします。水につかる部分の葉は取り除きましょう。

3　水揚げをよくするため、必ず水切りを行います。水の量はグラスや花瓶の底から5cm程度にして、直射日光やエアコンの風が直接当たらない場所に置きましょう。毎日水替えすれば2週間以上楽しめます。

ドライフラワーとして

ほかの花と比べて水分が少なめなので、ドライフラワーにも向いています。切り花にするのと同様、種をつける前に摘み取ります。輪ゴムで留めてから麻ひもなどで結わえ、直射日光が当たらない風通しのよい場所に吊るして1週間ほど乾燥させます。

センテッドゼラニウム

芳香のある葉を挿し芽でふやせて切り花にも

センテッドゼラニウムは葉に香りのあるものを指し、
品種によって葉の形や色、香りに違いがあり、ハーブとしても扱われます。
春から初夏にかけてピンク色や白などの小さい花を咲かせます。
寒さや多湿にやや弱いものの、育てやすく香りが楽しめる、おすすめの草花です。

センテッドゼラニウム
フウロソウ科ペラルゴニウム属
原産地　南アフリカ
開花期　4～7月

育て方のポイント

植えつけと置き場所

鉢植え・地植えとも、春に植えつけします。水はけがよく、通気性があり、適度に保水性もある土に植えつけ、日当たりと風通しのよい場所で育てます。耐寒性がやや低く、雪や霜に当たると枯れるので、寒冷地では鉢植えにして軒に入れるか、地面に近い所で切り詰めるなどの対策をしましょう。

水やり

鉢植え：土が乾いたら、葉にかからないように鉢底から流れ出るほどたっぷりと水をあげます。
地植え：あまり必要ありませんが、葉にかからないように、極端に乾燥した日が続いた時にあげます。ジョウロの口を取り外し、地面すれすれに近づけて静かに給水します。

肥料やり

年末に根を傷つけないよう気をつけながら馬糞（牛糞）堆肥（p.86）や燻炭をすき込んでいます。それ以外は特に追肥など必要ありません。

病害虫

あまり心配はいりませんが、オンシツコナジラミには気をつけます。

長く楽しむポイント

大きくなりすぎた株は抜き、挿し芽でふやす

年末～2月頃、大きくなりすぎた株は抜いて、そこから穂先を10cmほど切って複数本直接地面に挿します。10本挿したら7～8本は根づくので、枯れたら抜き取るくらいに気軽に挿してみましょう。茎だけでも根づきます。挿し芽で簡単にふえるので、わが家では年末頃に地面や鉢に直接挿して更新しています。

室内での楽しみ方

切り花のほか、葉の香りを楽しむグリーンとして室内に飾っても。水が下がりやすいため、茎の先を割ってから水に挿すと長く楽しめます。

センテッドゼラニウムのおすすめ品種

ハーブとしても人気のセンテッドゼラニウムの香りは、品種によってローズやレモン、リンゴ、ストロベリーとさまざま。蚊の忌避効果が期待できる成分（シトロネラール）を含むものもあります。わが家で育てているおすすめの品種を紹介します。

葉の切れ込みが美しい

①ローズゼラニウム

バラの香りがする葉をもつ、もっとも代表的な原種でゼラニウムオイルの原料になる。葉の形が印象的なので、ほかの花と組み合わせてブーケにしても。

さわやかな香り

②レモンゼラニウム

レモン系の香りがする葉をもつ品種。さわやかな香りとともに、明るい緑色の葉が庭に彩りを添えてくれる。

葉にブラウンの斑入り

③チョコレートゼラニウム

葉の中央にチョコレート色の斑が入る、シックな印象のゼラニウム。夏の高温期は茶色の部分がなくなり、緑一色になる。

アジサイ

寄せ植えや切り花、ドライと楽しみ方いろいろの初夏の花

母の日のプレゼントとしても人気のアジサイの鉢植え。種類の違うアジサイを
寄せ植えにすれば、同じ手入れで済むので簡単、見た目もぐんと華やかに。
梅雨の庭を彩ってくれるだけでなく、切り花やドライフラワーとして室内でも楽しめます。

アジサイ　アジサイ科アジサイ属
原産地　日本、東アジア　開花期　6〜7月

品種が多く、さまざまな花の形や色が楽しめるアジサイは、4月頃から花が咲いた鉢が店頭に並びます。鉢植えでも地植えでもよく育ちますが、地植えの場合は大きく育つので、広めの場所を確保して植えるか、大きくしたくない場合はコンパクトに剪定をしましょう。暑さ寒さに強く、半日陰でも、わが家のような直射日光が当たる所でも元気に育ちます。

上:'シュロスバッカーバルト'
下:'マジカルレボリューション'

小さな庭での楽しみ方

鉢植えでアジサイ複数種を寄せ植えすれば、コンパクトな姿のまま組み合わせを自由に楽しむことができます。狭いスペースでほかの植物と組み合わせたり、場所を移動させたい時にも便利。乾燥には注意が必要ですが、庭の土の上に鉢を置けば乾燥しにくくなります。4月に入ると小さな花芽が出てきて、6月初め頃から見頃を迎え、成長を2か月ほど楽しめます。

長く楽しむポイント

花色や花形を楽しめる寄せ植えに

鉢植えで咲いたアジサイは、花後か、翌年の3月頃植え替えします。
複数種類を組み合わせて寄せ植えにしてみましょう。

1 前年のアジサイ。3月になり新芽が出てきた頃、寄せ植えにします。

2 3鉢を寄せ植えにします。水はけをよくするため、鉢の4分の1程度、鉢底石と大粒の赤玉土を入れます。その上に、腐葉土を3つかみと花の土を混ぜ合わせて入れます。

3 鉢から根鉢を取り出します。寄せ植えする鉢の大きさに合わせて、根鉢を崩してカットし、植えつけます。

4 植えつけ後は、鉢の底から水が流れ出るぐらいたっぷりと水やりします。

4月中旬。葉がだいぶ繁ってきました。
品種によって葉の色が違うのがわかります。

育て方のポイント

植えつけと置き場所

鉢植え・地植えとも、日当たりがよい、または半日陰の場所を選びます。11〜3月頃に植えつけしますが、花後の6〜7月、または9月下旬〜10月上旬に植えつけることもできます。

水やり

7〜9月の晴れた日は毎日水やりを欠かさず、晩秋から初夏は鉢や地面が乾いたらたっぷりあげてください。鉢植えの場合は特に乾燥に気をつけます。

夏越し／冬越し

夏場は水を切らさないようにすることが大切です。冬の前に葉が枯れて枝だけになりますが、この状態で冬を越します。土が乾いて鉢が軽くなったら水をあげてください。3月くらいになると、枯れた枝から黄緑色の小さな芽が出てきます。

病害虫

無農薬で育てていますが、病気や害虫もほとんどありません。

育て方のポイント

つづき

花が盛りを過ぎたら剪定を

7月に入ると花色が抜けて、がくの部分がかさかさした状態になります。この頃から9月頃までに剪定をして、翌年以降の花芽がつくようにします。真夏の太陽の光を浴びる前なら、立ち枯れていてもまだ花の色が残っているので、ドライフラワーにしても楽しめます。

1 花から2つめの節で切ります。ここが新しい花芽がつく位置です。

2 長い茎は、長めに切るとよいでしょう。来年は咲かない枝になりますが、樹形をバランスよく整えるために有効です。

3 アジサイは落葉性なので晩秋になると葉が落ち、冬は枯れ木のようになります。先にある茶色のふくらみが新芽。冬でも土が完全に乾いたら水をあげましょう。

地植えとの組み合わせ

地植えと鉢植えのアジサイで別の品種を育てれば、スペースを有効活用して長期間花を観賞できます。

わが家で地植えしているアジサイは挿し木で育てたもの。鉢植えのアジサイと組み合わせて、小道のようにして楽しんでいます(p.26)。鉢植えのアジサイを庭に植え替える場合は、花後の7月下旬か、9月下旬~10月上旬にしましょう。花後に剪定をしてから植え替えすると株への負担が減らせます。耐寒性は高いものの、冬の強風にさらされるような場所は避けたほうがよいでしょう。地植えした後はとても大きく成長するので、剪定を欠かさないようにします。

庭のアジサイも剪定して切り花やドライフラワーに。

長く楽しむポイント

室内でも切り花やドライフラワーで楽しめる

剪定のためにカットした花は、切り花で楽しみましょう。
ちょっとしたコツで長く楽しむことができます。
また、ドライフラワーにすればさらに長い期間飾ることができます。

切り花として2、3日楽しめる。その後、ドライフラワーにしても。

切り花として

アジサイを切り花として長く楽しむには、茎の中のワタを取り出すことがポイントです。毎日水も替え、だんだん茎を切り戻していくとよいでしょう。秋色アジサイは、もともと品種名ではなく、初夏に咲いた花が気温の変化などで時間をかけてアンティークカラーに変化したもののこと。美しい秋色に変化する品種も出てきており、人気です。秋色アジサイとして楽しむものだけ花を残し、あとは剪定して、株を弱らせないようにしましょう。

ガクアジサイや'シュロスバッカーバルド'、秋色アジサイなどの組み合わせ

わが家の作り方はシャンデリアにひっかけるだけ。1週間ほどでドライになります。日光が当たりすぎると退色するので、直射日光の当たらない場所を選んで。

ドライフラワーとして

咲き始めの頃のアジサイはがくがやわらかく、梅雨の時期は湿度が高いので、きれいなドライフラワーにするのは難しいです。開花から数か月経ちがくが厚くなってから、ドライにするのがよいでしょう。アンティークカラー系の品種や、秋色に変化する品種、アナベル（アメリカノリノキ）なら、より雰囲気のあるドライフラワーになります。麻ひもなどで茎をまとめ、風通しのよい場所に1週間ほど吊るして、がくがかさかさになったらできあがりです。

一輪でも見栄えがする。品種によって乾き方が違うのもおもしろい。形の違うガラス花器で楽しんでいます。

バラ

鉢植えのつるバラなら極小のスペースがとびきり華やかに

現在の庭を作り始めてから、白いバラの咲く憧れの光景を作るために、鉢植えのつるバラを選びました。難しいイメージのバラですが、育てやすい品種を選べば小さな庭が格段に華やかになります。

バラは大きく分けて木立性、半つる性、つる性のタイプに分けられます。つるバラには多くの品種があり、花は小輪から大輪まで、色もさまざまです。ほかのつる性植物とは違い、ほかのものに巻きついて成長するわけではないので、伸びた枝を誘引して育てる必要があります。わたしが選んだのは中輪で平咲きの‘アイスバーグ’、大輪でカップ咲きの‘ブランピエールドゥロンサール’。いずれも育てやすく、白がベースの花色は庭のグリーンやほかの花との相性も抜群。お手入れが楽しみになる、やさしく漂う芳香も魅力です。

バラ　バラ科バラ属
原産地　アジア、ヨーロッパ、中近東、北アメリカなど
開花期　5月中旬～6月上旬など（品種により異なる）

小さな庭での楽しみ方

つるバラの鉢植えは、奥行き・幅2mほどのスペースにアーチを斜めにすることで、実際よりも奥行きが感じられる効果があります。また、そうすることで狭い庭でも日当たりを確保できています。２種類のうち、ひとつは煉瓦の上で育てているので移動できますが、地面の上に置いた鉢のほうは鉢底から根を出して動かせなくなっています。移動が必要な場合は鉢を地面に直接置かないようにするか、根を張らないように注意が必要です。

育て方のポイント

植えつけと置き場所

鉢植え・庭植えとも、日当たりと風通しがよい場所を選びます。日当たりが悪いと病気にかかりやすくなるので、生育期は特に気をつけます。水はけがよく、有機質に富んだ用土が適していますが、市販のバラ用の土を使うと手軽です。鉢植えの場合は真夏以外は植えつけできます。地植えの場合は、鉢などで大きく育った苗は11～翌2月頃、新しい苗は5～6月に植えつけます。

肥料やり

生育期は液体肥料や固形肥料などの置き肥を定期的に与えます。冬には固形肥料を与えます。若い株のうちは、花後にも追肥すると効果的です。

水やり

鉢植えは、土の表面が乾いたらたっぷりと与えます。地植えは、夏季など極端に乾燥している場合にたっぷりと与えます。

病害虫

雨が多い時期に発生する、葉に黒い斑点ができ、やがて枯れる黒星病や、新芽が白い粉を吹いたようになって生育が阻害されるうどんこ病などの病気があります。また、春と秋に新芽や蕾につくアブラムシや、初夏に飛来するカミキリムシ、根切り虫などの害虫にも注意が必要。なるべく無農薬で育てるためには、よく観察して虫がついていないか気をつけます。

1～2月頃、固形の緩効性肥料を寒肥として与えます。土に置いたら、1～2cm軽く土をかぶせるとよいでしょう。

根切り虫を早めに対処

バラを育てていると、害虫の被害を避けるのはとても難しいものです。
ダメージを最小限に抑えるためにも、日頃から様子を観察してなるべく早く対処しましょう。
わが家で害虫を見つけた時の対処方法を一例として紹介します。

1 1月頃に、鉢の土を半分ほど入れ替えたつるバラの鉢。8月中旬、右の鉢の土がヘドロのようになっていました。これは根切り虫がいる時に出る兆候です。

2 土を掘り返したら、幼虫が10匹ほど出てきました。根切り虫と呼ばれるコガネムシやガの一種の幼虫は根を食べるので、たくさんあった小さな根が食べられてなくなっていました。幼虫を取り除いた後、鉢の土を半分くらい取り出して、新しい土と入れ替えました。追加したのは、花の土に燻炭ひと握りと馬糞堆肥をスコップ2杯くらい混ぜたものです。

3 9月初め、土を入れ替えて10日ほど経った頃。早めに対応したので、バラの葉は黄色くなることも散ることもなく元気です。なるべく無農薬で育てるために様子をみていきます。

長く楽しむポイント

庭のバラを切り花で長く楽しむには

バラの季節になると、庭で育てたバラを素敵に部屋に飾ってみたいと思うこともあると思います。近所の方から切り花のバラをいただくことがあるかもしれません。いずれも、満開でなく七分咲きくらいがベスト。
より長もちするバラの処理の方法と飾り方を紹介します。

店で購入したバラとは違い、庭で育てたバラは茎が細くやわらかいことが多いため、しなだれてしまい、生けるのが難しいという声をよく聞きます。まずは、購入した場合と同様に、下準備としてたっぷりの水を注いだ花器や容器に入れて、1～2時間おき、十分水を吸わせます(深水《ふかみず》)。しおれたようになっている場合でも、かなりしゃっきりします。その後、右ページのように切り花にします。

丈夫で切り花にしても花もちのよい‘ブランピエールドゥロンサール’

生育旺盛で花つきのよい‘アイスバーグ’。「氷山」を意味する名の花は、とげが少なく切り花にしやすい。

ガーデニング育ちのバラを切り花にして飾る方法

1 上の2枚の葉を残して、残りの葉ととげをハサミで切り落とします。

2 花器の高さと、花器から出た花の長さが1：1だと、バランスよく見えます。花器の高さの倍になるように長さを確認して、水を張ったボウルや容器の中に茎を入れ、斜めに切ります（水切り）。

3 花器に深さ5cm程度の水を注ぎ、しなだれた茎を花器の縁に沿わせて外向きになるように生けていきます。

4 比較的真っすぐな茎のバラを選び、バランスをとるためにさらに2cm程度切って中央に挿して完成です。

さまざまな色のバラを上記のルールに従って生けた例。茎が短めの場合、しなだれた茎をグラスの縁にもたれさせると手軽にバランスよく生けられます。

ラベンダー

暑さに強い品種を選べば、庭でもドライフラワーでも楽しめる

「ハーブの女王」と呼ばれ、さまざまな品種があるラベンダーですが、
高温多湿の関西の夏では育てられないものもありました。
耐寒性と耐暑性を持ち合わせたラバンディン系の‘グロッソ’を植えたところ、
8年経った今では1mほどの大株に育っています。

ラベンダー　シソ科ラベンダー属（ラバンデュラ属）　耐寒性常緑低木
原産地　地中海沿岸　開花期　5月下旬~7月、9月下旬~10月（‘グロッソ’の場合）

7月頃のラベンダー‘グロッソ’。
花を長く楽しめる。

小さな庭での楽しみ方

‘グロッソ’は花が大きく草丈も高くなるので、小さな庭でもインパクトがあります。耐寒性、耐暑性ともに優れ、育てやすいので初心者にもぴったり。背丈だけでなく、幅もボリュームが出やすいので、スペースに限りがあるならしっかり剪定しましょう。甘い香りも特徴で、ドライフラワーやポプリにも向きます。花期は長めですが、ドライフラワーなどで楽しむなら、咲き始めのほうがきれいにできます。p.24の2種も、耐暑性があるのでおすすめです。

育て方のポイント

植えつけと置き場所

日光を好むので、地植え、鉢植えともに日当たりと風通しのよい場所を選びます。通気性と水はけがよい元肥を入れた土に、4〜5月に苗を植えつけます。

肥料やり／病害虫

12月頃に馬糞（牛糞）堆肥と燻炭（p.86）を根元にまいています。酸性を嫌うので、アルカリ性の燻炭を使います。無農薬でも、害虫はついたことがありません。

水やり

真夏は毎日、それ以外の季節は土が乾いているかを確かめてから水をあげています。多湿は苦手なので、あげすぎないよう注意します。

剪定

11月頃に枯れた長い茎を切り取り、伸びた葉をカットして形を整えます。

夏越し／冬越し

夏はからからに乾かないように、晴れが続く時は毎日水をあげています。冬は特に何もしなくても常緑のまま越冬できます。

長く楽しむポイント

ドライフラワーを作りつつ、庭でも長く楽しむには

ラベンダーでドライフラワーを作りたい時は、咲き始めがおすすめです。花が開き切らずに蕾もあるほうが香りがよく、ドライにしてからも花がぽろぽろこぼれにくくなります。わが家では剪定を11月にしていますが、夏の暑さで蒸れるようなら、その時期に混み合った部分や枯れた部分を剪定してもよいでしょう。‘グロッソ’は花期が長く、残り花を咲かせるので庭で楽しんでいます。

1 4月頃。古い株から新芽が出てきました。先端には花芽が見えます。

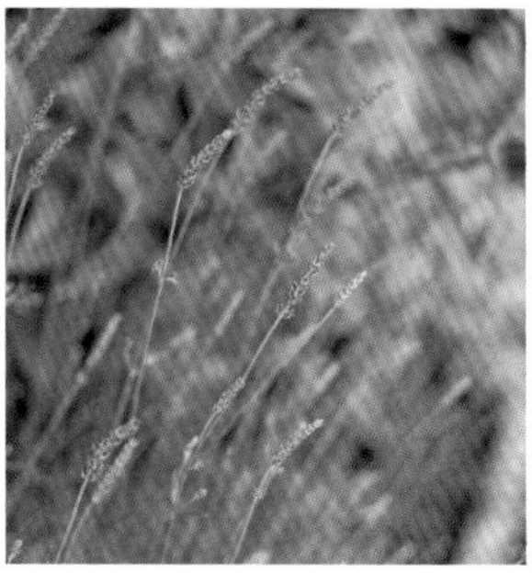

2 5月頃。紫色に色づいてきたラベンダーの花穂。7月頃までと、9月下旬~10月まで、長い期間花を咲かせ続けます。

3 9月頃。枯れた花を切り取ります。長い間咲き続けるため、枯れた花を切り取るタイミングをのがさないようにしましょう。

4 ラベンダーは咲きかけた蕾のあるものを切り取ります。4~5本ぐらいまとめ、茎の根元を麻ひもなどで結わえます。風通しのよい、直射日光が当たらない場所に吊るして乾かし、1週間ほどで完成。

長く楽しむ
ポイント

ラベンダーをスワッグに

摘み取ったラベンダーをドライにして、
ユーカリと合わせてスワッグを作りました。
どちらも折れやすいので
やさしく取り扱うことがポイントです。
直射日光の当たらない壁などに飾ると退色しにくく、
きれいな姿が半年から1年は楽しめます。

ラベンダーとユーカリのスワッグ。
軽いので押しピンなどで手軽に壁に飾れる。

〈材料〉

*ラベンダー（ドライ） 15本
*ユーカリ‘アップルボックス’（ドライ・市販のもの） 適量
*麻ひも 20cm
*好みのリボン 50cm

〈作り方〉

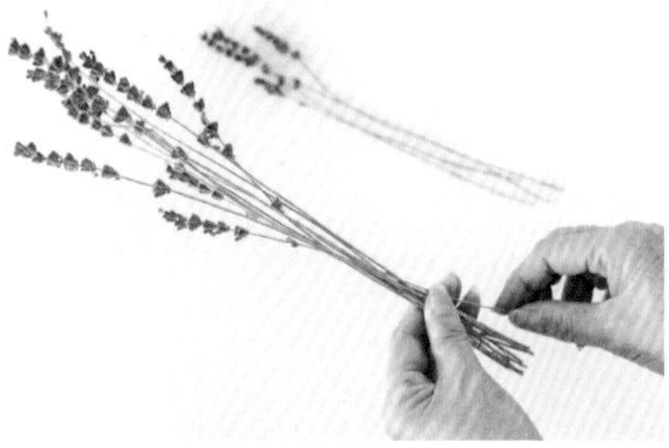

1 ラベンダーを束ねる。茎の長さが違うほうが自然な感じが出る。

2 ラベンダーの上にユーカリを重ねる。ユーカリは、ラベンダーの花の下あたりに葉の先端がくるようにするとバランスがよい。

3 麻ひもで強く縛ってかた結びにする。その上にリボンを結わえる。

4 リボンをちょう結びにして、好みの長さで切る。残った麻ひもを輪にして完成。

多肉植物

丈夫で育てやすく、可憐な花と鮮やかな葉が美しい

わが家には14年前に植えた多肉植物が今も花を咲かせています。
水をやりすぎないよう気をつければ、特別なお世話はしなくても元気です。

レッスンで制作したリースアレンジ。オウゴンマルバマンネングサ、オノマンネングサ、ドラゴンズブラッド、ホソバオウゴンマンネングサ、マンネングサなど。

ほかの多肉植物と比べて、夏の高温多湿にも比較的強く丈夫なオノマンネングサ（写真下）。たくさんの種類の多肉植物を植えてきましたが、こちらだけが残りました。鮮やかなライトグリーンの葉が、庭を明るくしてくれます。7月頃に可憐な黄色い花を咲かせます。

オノマンネングサ
ベンケイソウ科マンネングサ属

長く楽しむポイント

秋から冬の管理

気温が下がり始めると枯れてしまいます（写真左・1月下旬）が、毎年新芽を出してくれます（写真右・3月上旬）。お手入れは枯れた茎や葉を取るだけで、冬場は水やりも特に必要ありません。

クレマチス

育てやすくておすすめの四季咲き性の‘白万重’

数あるクレマチスの中でも八重咲きの大きな花を咲かせる‘白《しろ》万《まん》重《え》’。
春から晩秋にかけてグリーンから白に変わる花色が魅力です。
四季咲き性で長く楽しめ、耐寒性と耐暑性があるので、
初心者にも育てやすくおすすめです。

クレマチス‘白万重’　キンポウゲ科クレマチス属
原産地　中国　開花期　4月～11月

小さな庭での楽しみ方

しなやかに伸びるつると、さまざまな花が楽しめるクレマチスは、「つる性植物の女王」とも呼ばれています。多くの野生種や原種から生まれた品種も数多くあり、1年に一度開花する一季咲きのグループのほか、花期が長くつぎつぎに花が咲いたり、剪定すると繰り返し咲く四季咲きのグループがあります。四季咲き性の品種を選び、鉢植えでコンパクトに仕立てたり、地植えでトレリスやフェンス、ほかの植物にからませると省スペースでも華やかな花を長期間楽しむことができます。

育て方のポイント

植えつけと置き場所

真夏をのぞき、一年中植えつけができますが、12月中旬～2月中旬頃がもっとも適しています。日当たりがよく、水はけのよい場所を選びます。'白万重'のように、品種によっては半日陰でも育てられます。根を傷めないようにそっと鉢から出して軽く土を落とし、新しい土に植えつけて土をなじませます。地植えの場合、水はけをよくするために軽石などを混ぜておくとよいでしょう。

水やり

つるが伸びて花を咲かせている時は、水切れしないように土が乾いたらたっぷり水をやります。夏は特に乾かないよう気をつけましょう。剪定した後や冬場は乾燥気味に育てます。

花がら摘み

花の色がくすんできたり、雄しべが散り始めたら、種ができないよう早めに花首から切り落とします。

肥料やり

花を剪定した後、定期的に緩効性肥料を与えると株が充実します。また、年末～2月頃に寒肥として緩効性肥料を与えると、新芽の生育がよくなります。

病害虫

春の時期のアブラムシは見つけたら捕殺しましょう。コガネムシの幼虫による根の食害にも注意します。また、風通しが悪いとうどんこ病や葉枯病などの原因になるので気をつけましょう。

剪定

四季咲きの品種は剪定することで、年に2～4回花を楽しむことができます。花後に剪定すると、その後伸びてきたつるに花芽がつくので、全体の3分の1～2分の1程度を残して早めに剪定しましょう。

仕立て直しとつる伏せ

晩秋から冬、つるを一度ほどいてから1/3ほど切って仕立て直します。クレマチスのつるは、埋めたところから発根するので、伸びているつるの節が埋まるように深植えする（つる伏せ・写真左下）と節から発根してつるが育ち、たくさん花が咲きます。

晩秋から冬、つるの節から発根させるため、つるを寝かせて深く埋めます。

3月につるを伸ばすクレマチス。

パンジー・ビオラ

庭でも室内でも長く楽しめる、育てやすい花の代表

秋から春の終わりまで、長く咲き続けるパンジーやビオラ。
古くから交配、改良されて、多彩な品種が出回っています。
ポイントをおさえて切り花にすれば、
1か月以上、室内でも楽しめます。

バンジー・ビオラ　スミレ科スミレ属
原産地　ヨーロッパ、西アジア
開花期　10月下旬～5月中旬

小さな庭での楽しみ方

小さく可憐な姿は、さびしくなりがちな寒い時期の庭を彩ってくれます。鉢植えならいっそうコンパクトに、庭でも省スペースで育てられるのも魅力。パンジー・ビオラは厳密な違いはありませんが、毎年新しい品種が出回り、フリルのような花びらが集まったものや花色が変化するものなど、さまざまな種類から選ぶ楽しみを味わえます。春になったら早めにカットして切り花にすれば、夏の花を早めに植えるスペースも確保できて一石二鳥です。

育て方のポイント

植えつけと置き場所

日光を好むので、地植え、鉢植えともに日当たりと風通しのよい場所を選びましょう。元肥を入れた水はけがよい土に、10月下旬～12月中旬に苗を植えつけます。耐寒性はかなりありますが、凍結するような場所は避けましょう。

水やり

植えつけや種まきの後は、特に乾燥しないように水やりします。しっかり根づいた後は、鉢植えは土の表面が乾いたら、地植えの場合はひどく乾いたら、たっぷり水やりします。

肥料やり／病害虫

植えつけ前に馬糞（牛糞）堆肥（p.86）をすき込んでいます。春になり暖かくなったらアブラムシに注意を。見つけしだい捕殺します。

長く楽しむ
ポイント

花が新鮮なうちに早めにカットして切り花に

長い間花が楽しめるパンジー・ビオラですが、雨が続くと倒れてしまうことがあります。花期が終わる少し前に、思いきって植え替えてみましょう。
カットした切り花は1か月以上長もちして、室内に飾れます。

1 次々に花が咲いていましたが、雨が続いて倒れてしまったパンジー。次の植物への切り替えも考えて、植え替えることにします。

2 室内に飾るために、まずは根元からカットします。新鮮なうちに、切り花にする作業をしましょう。

3 器に挿して、水につかる部分の葉をハサミで丁寧に取り除きます。水をきれいに保ち、花を長もちさせるための大事なポイントです。

4 茎の先を輪ゴムなどで結わえます。透明なゴムや細いひもでもOKです。

5 花器に水を注ぎ、飾ります。茎に水がつかる部分は5cm以内にして、深くしないようにすると水質の低下を防げます。

6 スコップで残ったパンジーの苗を掘り起こし、取り除きます。土壌改良剤と馬糞（牛糞）堆肥を各ふたつかみ入れてすき込み、夏の花を植えつけるまで土を休ませておきます。

1か月以上切り花を楽しむには

1 パンジーやビオラはよく水を吸うので、毎日水を追加しましょう。茎の先が2～3cmつかる量を守り、入れすぎないよう気をつけます。

2 1週間に一度程度、茎の先端を5mmほどカットします。あわせて水を全量替えて、水に浸かる部分の葉は切り取ります。

3 鉢植えや地植えと同じように、切り花でも種ができます。花が終わったら花がらを摘みましょう。

ポットハーブガーデン

秋に植えつければ手軽に半年以上楽しめる

玄関やベランダなどの狭いスペースでも、半日程度日が当たるなら、手軽にハーブを育てられます。温暖地なら秋に苗を植えつけると虫の心配がいらず、水やりも最小限で済みます。料理に利用するほか、切り花の素材としてもすぐに摘み取れて便利です。

ハーブ類
写真はイタリアンパセリ、ディル、ローズマリーなど。

小さな庭での楽しみ方

葉の形や、香りもさまざまなハーブ。省スペースのために寄せ植えにする場合、やわらかい葉をもつ種類を選ぶと、水をやるタイミングが同じなのでお手入れが楽です。ローズマリーなど比較的乾燥気味に育てたほうがよいものは、鉢にそれぞれ植えるのがよいでしょう。プラスチックの鉢を選べば、水分を保ちやすいので水の管理もしやすく、初心者にもおすすめ。まとめてかごなどに入れれば移動もしやすく、見た目もおしゃれで楽しみながら育てられます。

すぐに摘み取って料理などに使える。

長く楽しむポイント

植えつけから根づくまで

寒さに強く丈夫なものが多いので、虫がつきにくい秋から始めます。
タイムやレモンバーム、ローズマリー、ディルなどがおすすめです。

1 タイムをプラスチックの鉢に植えつけます。水はけをよくして根がからまないよう、軽石や赤玉土を2cm深さ程度入れます。

2 市販の培養土やハーブ用の土を鉢の半分ぐらいの深さになるよう入れます。

3 ポットから苗を取り出します。根がポットの形になるぐらい硬く詰まっています。

4 根鉢の底の中央部分から親指を入れて、そっと根をほぐします。

5 鉢の縁から2cm程度下の深さまで土を加えます。株のまわりに指を入れて土を詰めるようにして、減った分の土を追加します。

6 鉢の底から水が流れるぐらいたっぷりと、ゆっくり水をやり、日当たりのよい場所に置きます。根づくまでは土が乾いたら水をやります。

育て方のポイント

水やり

土が乾いたら水やりするのが基本です。真冬は10日～2週間に1回を目安に。春になって気温が15～20度ぐらいになったら2、3日に一度。あげすぎには注意が必要ですが、鉢を持ち上げて、軽いと感じたら頻度にかかわらずすぐに水やりします。

水不足でしおれた状態。持ち上げると軽く感じる。すぐに水やりすれば2時間程度で元気になる。

肥料やり／病害虫

害虫もほとんどつかず、肥料もいりません。

植え替えの鉢選び

購入した苗は、ひとまわり大きなプラスチックの鉢に植え替えるとよく育ちます。

植え替えて半年後のイタリアンパセリ（写真左）と、植え替えずに半年経ったもの（写真右）。

秋からミニミニ菜園

寒さに強い野菜を選んで、冬にも手軽に野菜を

ハーブと同じように、野菜も秋から手軽に育てることができます。
涼しくなるので作業もしやすく、虫の心配がいりません。
寒さに強い葉野菜を選べば、冬でもとりたての野菜を楽しむことができます。

耐寒性のある葉野菜を選ぶと育てやすく、料理にも使いやすいので便利。

イタリアンパセリ、パセリ、フェンネル、コリアンダー、チャイブ、ルッコラ、ネギやレタスなどがおすすめ。

長く楽しむポイント

植えつけ〜日々の管理

浅すぎないプランターを選べば、根が伸びやすくよく育ちます。
摘み取り収穫をしながら、長い期間育てられます。

1土づくり

土は、赤玉土、腐葉土、化成肥料を各ひとつかみを追加で培養土に混ぜています。葉野菜は根がよく伸びるので、深さ20〜25cm以上のプランターを用意しましょう。

2植えつけ

ハーブと同じように、ポットから苗をそっと外します。根がびっしりと生えていたら、やさしくほぐしてから植えつけます。

3日々の管理と収穫

植えつけた後は、プランターの底から流れ出るぐらいたっぷりと水やりします。ふだんの水やりは、土の表面が乾いたらたっぷりあげます。適度な大きさになったら順次収穫します。

ローズマリー

丈夫で育てやすく、香りとおしゃれな姿も魅力

シソ科のハーブで常緑低木のローズマリーは、耐寒性があり夏の暑さにも強く、育てやすい植物。料理やクラフトにと活用度も大きくおすすめです。わが家では3株の苗を地面に移して8年が経ち、大株になりました。お手入れは年に1回の剪定をするだけと手間いらず。大株に成長してからは植え替えを嫌うので、大きく育てたい場合はスペースを考慮して植えつけましょう。

成長するスペースをあけて植えつけした（写真右）。8年後、大株に育った（写真左）。

ローズマリー　シソ科マンネンロウ属
原産地　地中海沿岸　　開花期　11～翌5月（品種により異なる）

育て方のポイント

選び方

多くの品種があり、大きくは立ち性と匍匐《ほふく》性のものに分けられます。地面や植木鉢に植える場合は立ち性が扱いやすく、斜面や腰高の花壇などに植える場合は、垂れ下がるように生える匍匐性が向いています。

水やり

冬は地植えの場合はほとんど必要ありません。冬以外の季節と、鉢植えは土の表面が乾いたら水やりします。

剪定／肥料やり

1年に一度剪定や刈り込みを行っています(p.91)。肥料は入れていませんが、新しい土と土壌改良剤、燻炭を混ぜたものをすき込みます。

夏越し／冬越し

耐暑性と耐寒性があり常緑樹ですので、特にすることはありません。

Column
3

育てたハーブでお手軽クッキング

蒸し鶏の冷製サラダソース

火を使わずに
簡単にできる

〈材料〉2人分

鶏むね肉	250g
キュウリ	2本
育てたローズマリー	3枝
育てたハーブ（好みで）	適量
ポン酢しょうゆ	大さじ1
塩	適宜

〈作り方〉

❶ 蒸し鶏を作る。鶏肉はさっと洗い、バット等に入れる。水50mLに塩小さじ1と1/2を加えて混ぜ、鶏肉に回しかけてもみ、30分おく。

(a)

❷ 耐熱容器に①の鶏肉を入れてローズマリー1枝をのせ、ラップをかけて(a)、600Wの電子レンジで3分加熱して裏返す。同様に2回繰り返して加熱し、しばらくおいて余熱で火を通す。ラップを外して皿にのせ、冷ましておく。

(b)

(c)

❸ 野菜ソースを作る。キュウリ、ハーブをミキサーにかける(b)、またはみじん切りにする。夏ならハーブにミョウガやシソを加えてもおいしい。

❹ ポン酢しょうゆと塩ひとつまみを③に加えて2秒ほどミキサーにかけてソースにする(c)。

❺ ②の鶏肉を薄くそぎ切りにして(d)、④のソース適量を入れた器に積み上げるように盛る。ソース小さじ1をかけ、ローズマリー1枝を飾る。

(d)

メモ

・時間がある時は、蒸し鶏を作って冷蔵庫で冷やしておくと冷たくいただける。

・ポン酢しょうゆの代わりにオリーブオイルと塩、こしょうでもよい。

庭で野菜やハーブを育てれば、摘み取ってすぐに
料理に使えるのが魅力です。簡単なのにおしゃれに仕上がる、
フレッシュな香りがいっぱいのおすすめ料理を紹介します。

チキンと野菜のローズマリーソテー

〈材料〉 2人分

鶏もも肉……………………450g
ジャガイモ…………………2個（400g）
育てたローズマリー……4枝
育てた葉野菜やハーブ（好みで）
……………………………適量
ニンニク（薄切り）……1かけ分
トウガラシ（好みで）…1本
ポン酢しょうゆ…………大さじ2～3
オリーブオイル　塩　こしょう

メモ

・器に盛りつける時は、鶏肉、ジャガイモ、葉野菜とハーブが三角形になるようにするとバランスよく見える。

・ポン酢しょうゆの代わりにイタリアンドレッシングでもよい。

〈作り方〉

❶ フライパンにオリーブオイル大さじ1、ニンニク、トウガラシを入れる。弱火でニンニクにうっすらと焼き色がつくまで3分熱し、オイルに香りを移す(a)。ニンニクとトウガラシは取り出しておく。

(a)

❷ 鶏肉は厚さが均一になるように切って開き、半分の大きさに切る。両面に塩、こしょう少々をふって(b)のフライパンに皮目から入れて焼き色がつくまで焼く。裏返し、ローズマリー2枝をのせる。

(b)

❸ 鶏肉のまわりにくし形に切ったジャガイモを入れてふたをし、12～13分焼く(b)。火を止めジャガイモがやわらかくなるまでふたをしたまま余熱で火を通す。鶏肉の粗熱が取れたら1cm厚さに切り、ジャガイモとともに器に盛る。

❹ フライパンに①のニンニクとトウガラシを戻し入れ、ポン酢しょうゆを入れて強火で10～20秒熱してソースを作る。

❺ ③に葉野菜やハーブを盛る(c)。鶏肉にローズマリーを飾り、④のソースをかけていただく。

(c)

ミモザ（ギンヨウアカシア）

春を告げる花、大きくしすぎず楽しみましょう

鮮やかな黄色のふわふわした小さな花をたくさんつけるミモザ。春を告げる花は、
鉢花のほか、切り花としても人気です。花期以外も、シルバーの常緑の葉が楽しめます。
可憐な花の印象とは違い、生命力が強く、成長がとても早いのが特徴。
樹形を保つためにも必ず剪定して、コンパクトに楽しむのがおすすめです。

ミモザ（ギンヨウアカシア）
マメ科アカシア属
原産地　オーストラリア南東部
開花期　3～4月上旬

小さな庭での楽しみ方

成長が旺盛なミモザは、地植えにすると数年で5mを超える高さに成長します。浅く根を張るので、大きく育った時に強風で倒れる心配があります。また、たくさん咲いた花の花がらが大量に落ちるので、こまめな掃除が必要です。小さな庭なら鉢植えで育てれば、比較的コンパクトな姿のまま楽しむことができます。植え替えを嫌うので、やや大きめ（直径25～30cm程度）の鉢に最初から植えると、頻繁に植え替えをせずに済みます。植えてから3年ほどは花が少ないことがあります。花が咲いたら枝ごと切って切り花にしたり、ドライフラワーにしても楽しめます。

切り花のほか、ドライフラワー、リース、スワッグにしても。花粉が落ちるので新聞紙などに包むとよい。

長く楽しむポイント

花後の剪定を忘れずに。冬は剪定しないこと

花が終わったら、5～6月頃に剪定します。秋以降は翌年咲く花芽がつくので、切らないようにします。また、耐寒性が強くないので、木の力を弱らせないよう、冬は剪定しないようにしましょう。

分枝させたい位置で剪定したり、全体を透かすようにして風通しをよくする。

細い枝をたくさん伸ばすミモザは、そのままにしていると風通しが悪くなり、病気の原因になります。混み合った枝の根元から透かすように切るか、枝をふやして花をたくさん咲かせたい場合は、ふやしたい枝の途中を切るとそこから枝が分かれて伸びていきます。鉢植えでも、1m程度には成長させたほうがよく花が咲きます。

ミモザ（ギンヨウアカシア）の若い葉。

かつて、わが家の庭で大きく育てていたミモザ。カイガラムシとモンキチョウの食害で、残念ながら枯れてしまいました。毎年たくさんの黄色の花が咲き、元気の出るビタミンカラーで春の訪れを感じていましたが、大きくなりすぎて管理がたいへんだったこともあり、次はコンパクトに育てようとしています。

近所でも人気だったわが家のミモザ。元気の出るビタミンカラーの花と香りが春を告げてくれていた。

花のついた枝をアトリエの玄関に。水につかる枝先の表皮を削り割ってから飾る。2、3日飾ってからドライにするとよい。

育て方のポイント

植えつけと置き場所

日当たりがよい場所を選び、4～9月頃に市販の苗を水はけのよい培養土に植えつけます。少量の有機質肥料を混ぜておいてもよいでしょう。根張りが浅く、枝も細いので、強い風に当たる場所は避けましょう。幹が細いうちは支柱を立ててもよいでしょう。

水やり

植えつけてから1年は、土の表面が乾いたらたっぷり与えます。その後は、やや乾燥気味に。地植えの場合はよほどの乾燥状態にならない限り必要ありません。鉢植えの場合は、土が乾いたらたっぷり与えますが、過湿には気をつけます。

肥料やり

マメ科のミモザの根には、窒素を吸収する菌が生息しているので、肥料は基本的に必要ありません。

病害虫

イセリアカイガラムシの被害に注意が必要です。やわらかいうちは歯ブラシなどでこそげ取ります。硬くなったり大量発生した場合は剪定し、適した薬剤の散布が必要です。

ふやし方

花後にできるさやが茶色くなったら、中から小さな黒い種を取り出して、秋にまいてふやすことができます。用土の上にぱらぱらと種をまいたら、薄く土をかぶせ、霧吹きなどで水やりします。

レモン

寒さに強い品種を鉢植えで育てるのがおすすめ

さわやかな香り、果汁や皮も有効活用できて人気のレモン。かわいい小さな白い花も楽しめます。耐寒性が低いので、寒さに強い品種を選び、鉢植えで育てると気象条件によって置き場所を移動させることができ、大きくなりすぎないので初心者にもおすすめです。

収穫後、しばらくの間眺めて楽しみます

レモン
ミカン科ミカン属
原産国　ポルトガル（リスボン種）
収穫期　10〜12月（リスボン種）

育て方のポイント

植えつけと置き場所

日光を好むので、地植え、鉢植えともに日当たりのよい場所を選びましょう。水はけと保水力のよい、元肥を入れた土に、3月下旬〜4月中旬に植えつけます。通常2〜3年に1回は同じ時期に植え替えすると、根詰まりを防いで生育がよくなります。鉢植えにすれば、寒冷地の冬や雨量が多い時に軒下に入れるなど移動できて、管理しやすいです。

肥料やり

植えつけ時のほか、年末に馬糞（牛糞）堆肥と緩効性肥料（p.86）を施します。実つきをよくするため、3月に骨粉入り油粕を与え、5、7、9月に化成肥料を与えます。実が成ってからは肥料を吸収しにくいので、寒い時期と春先の肥料を忘れずに。

水やり（鉢植え）

レモンは乾燥気味のほうが元気に育ち、水を与えすぎると根腐れを起こして枯れることがあります。季節によって水やりの頻度が違い、地植えの場合は水やりはほぼ不要です。

冬　2週間に1回程度、鉢の土がよく乾いているのを確かめてから、底から流れ出るくらいたっぷりと与えます。雨が降れば控えます。

春　秋　1週間に1〜2回、鉢の土がよく乾いているのを確かめてから、底から流れ出るくらいたっぷりと与えます。

初夏・夏　毎日与えます。雨が続くときは軒下などに入れます。夕立などが降ったら、次の日に水をやらないなど調節すること。

病害虫

アブラムシ、アゲハチョウの幼虫、ミカンハモグリガ（エカキムシ）、カミキリムシなどに気をつけます。見つけしだい取り除きます。

長く楽しむポイント

天候によって置き場所を移動する工夫を

レモンは、比較的寒さに強いリスボン種を選び、鉢植えで育てています。耐暑性は強いですが、雨に強く当たると病気のもとになるので、雨が激しいようなら軒下などに取り込みましょう。寒い時期にも移動できるのが、鉢植えのメリット。3月には混み合った枝を剪定してすっきりさせます。

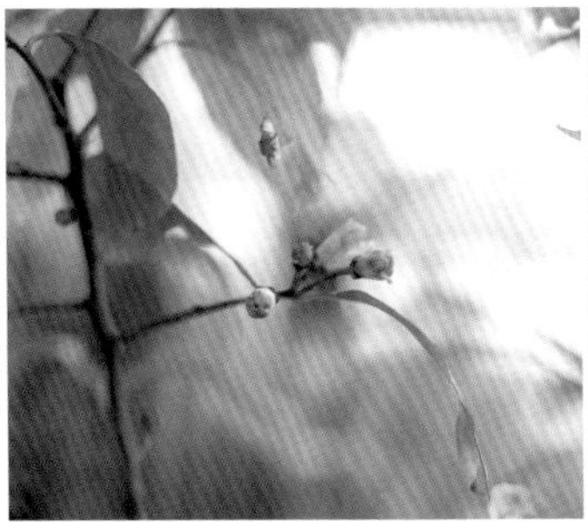

1 4月に蕾がつき、やがて花が咲きました。レモンの実のようなさわやかな香りがあたりに漂います。ミツバチやチョウがやってくるので、受粉は自然に任せています。5、7、9月に化成肥料をふたつまみ与えます。

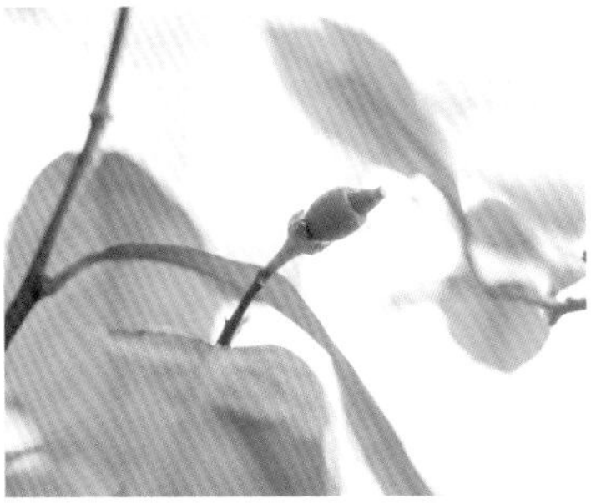

2 5月の終わり頃、結実したレモンの実。たくさん結実した年は、自然と実が落下するので、特に摘果はしていません。あまりに多い場合はしたほうがよいでしょう。

3 8月のレモンの実。だいぶ大きくなってきました。日照りが続く場合は水切れしないように注意を。雨が続くと病気にかかりやすいので、軒下などに移動させましょう。

4 気温が下がってくると、黄色く色づいてきます。年にもよりますが、わが家は12月から1月に収穫。実から2cmの所から切り取ります。

5 収穫後、追肥として、馬糞（牛糞）堆肥、燻炭を各ひとつかみと化成肥料をふたつまみ混ぜたものを土の表面にすき込みます。3月に骨粉入り油粕をふたつかみ与えます。

アゲハチョウを見守ることも

アゲハチョウは、幼虫による葉の食害があります。よく見ると1mmほどの小さな卵を見つけることができます。見つけた時点で取り去ると、アゲハが来なくなるようです。生まれた時は小さな黒い幼虫ですが、大きくなると黄緑色になります。見つけるのが遅れて大きく成長した幼虫は、羽化してアゲハになるまで見守ることもあります。

プラム（スモモ）

無農薬で簡単に育てられ、味わう楽しみも

わが家のプラムは、24年めを迎えて今も実をたくさんつけています。
背丈が1mくらいで実が2、3個ついていたものを購入し、地植えにしました。
無農薬でも元気に育ち、手がかからないうえに花や実を楽しめるので、
植えてよかったと思える果樹のひとつです。

プラム（スモモ）　バラ科スモモ属（サクラ属）　原産地　中国
開花期　3～4月　収穫期　6～7月（品種により異なる）

プラムの花

小さな庭での楽しみ方

3月頃に咲くたくさんの白い花は、花びらが薄く繊細で可憐な姿で、甘酸っぱい香りとともにわが家の玄関の横を彩ってくれています。自家受粉する品種（右ページ参照）だと思いますが、1本の樹木でもよく結実して、青い実が毎年5kg、多い時で10kgも収穫できます。わが家では小さめで青い実のうちに収穫していますが、大きな実にするなら、4月下旬～5月上旬に摘果をして1枝に1、2個にしたほうがよいようです。鉢植えでもコンパクトに育てられます。

育て方のポイント

植えつけと置き場所

スペースに余裕がない場合は、'ビューティ''メスレー''サンタローザ'などの1本で結実する品種を選びましょう。日光を好むので、地植え、鉢植えともに日当たりのよい場所を選びます。11～翌3月に、水はけと保水力のよい元肥を入れた土に植えつけます。鉢植えの場合は2～3年に1回は植え替えすると、根詰まりを防いで生育がよくなります。

水やり

地植え、鉢植えとも、土が乾いたらたっぷり与える基本どおりのやり方です。

肥料やり

年末に馬糞（牛糞）堆肥（p.86）と腐葉土、燻炭各ふたつかみをすき込んでいます。根を傷つけないように混ぜてから入れます。

病害虫

アブラムシは見つけたら捕殺します。実を利用するので、無農薬で育てています。

玄関横の小さな花壇、奥行き30cmほどのスペースに地植えしています。

毎年年末頃に馬糞（牛糞）堆肥と腐葉土、燻炭各ふたつかみを土に混ぜ込んでいます。

毎年6月の1週め頃に収穫。傷みや蒸れの原因にならないように、午前中に傷つけないよう収穫します。完熟果が収穫できるのも、ガーデニングの醍醐味ですが、成熟具合でその都度収穫が必要。わが家ではプラム酒にするので、まだ青いうちに一度に収穫しています。

長く楽しむポイント

さわやかな香りのプラム酒に

わが家では収穫した実をすべてプラム酒や、プラム酢にしています。プラム酒の作り方は、基本的に梅酒と同じ。梅酒よりもさわやかな香りがして、とても気に入っています。

〈作り方〉

1 プラム5kgは傷つけないようよく洗い、ヘタを竹串やつまようじで取り除く。水気をふきんなどでやさしく拭き取る。

2 アルコールなどで消毒した、清潔な8Lの果実酒用の瓶や容器にプラムを全量入れる。

3 氷砂糖500gを加え、ホワイトリカー2Lを注ぎ、冷暗所に置く。

※半年後くらいからが飲み頃。
※酸味や甘みなど果実や品種の違いによって、さまざまな味わいになります。

今年も5kg収穫。実りの香りを楽しみます。

トネリコ

青々した葉に白い花が映える生育旺盛な木

鮮やかでつややかな緑の葉や春の白い小花、秋の紅葉と、四季の姿が楽しめ、シンボルツリーとしても人気のトネリコ。こぼれ種から庭に生えてきた苗木を、鉢に植え替えて育て始めてから8年になりました。生育がとても旺盛なので剪定は必須ですが、あとは水をあげるだけなのでとても手軽です。

トネリコ　モクセイ科トネリコ属　原産地　日本
開花期　5～6月　雌雄異株

水を切らさないようにすれば元気に育つトネリコは、育てやすく初心者にもおすすめの樹木。観葉植物としても人気があります。左右対称に羽のように生える、さわやかな緑色の葉の印象が強い木ですが、雌株を選べば春に咲く可憐な小花とさわやかな香りも楽しめます。落葉高木なので冬に落葉しますが、耐寒性はかなり強いです。よく似ているシマトネリコは常緑高木で、こちらも生育旺盛です。

5月上旬、蕾がふくらんでいる。

小さな庭での楽しみ方

近縁種のシマトネリコとともに生育旺盛な高木なので、剪定をせずにそのままにしていると5～15mほどになることも。特に地植えでは高く伸びすぎて自分ではどうにもできなくなり、困るケースがよくあるようです。成長の具合をみて、冬以外に適宜剪定してすっきりさせましょう。

剪定前。ぼさぼさしてまとまりがない。

剪定後。すっきりした印象に。

育て方のポイント

植えつけと置き場所

鉢植え・地植えとも、日当たりがよいか、半日陰の場所を選び、水はけのよい土に4月頃植えつけましょう。鉢植えの場合は2〜3年に1回は植え替えすると、根詰まりを防いで生育がよりよくなります。

病害虫

特に心配はありません。

水やり

地植え・鉢植えとも真夏は1日1回、それ以外は土が乾いたら与えます。鉢植えの場合は乾燥に気をつけます。

肥料やり

やらなくても元気ですが、地植えは寒肥として2月頃に有機質肥料を、鉢植えは3月頃に化成肥料を与えるとよいでしょう。

長く楽しむポイント

鉢植えでも剪定を。庭に置く場合は根にも注意

鉢植えだとコンパクトに育てられる植物は多いですが、
トネリコは生育旺盛なため、地上部だけでなく根にも注意しましょう。

鉢の横から伸びてきた枝を切り、すっきりさせた。

鉢植えを庭に置く場合、鉢底から庭の土に根づくことがあります。さらに鉢の横から枝が伸びてくることも。あまり大きくならないうちに剪定してすっきりさせます。根がしっかり張ってしまうと移動や植え替えが難しくなります。寒冷地で冬季に移動させる予定がある場合は特に気をつけましょう。

剪定時に好みのデザインにしても

伸びてきたので、先端部分を中心に剪定します。6〜10月までは、毎月一度は剪定して形を整えています。すぐに伸びるので、あまり気にせずに切っていますが、時々枝の中を見て、内側に伸びて込み合っている枝を優先的に切ります。丸い形をイメージしてカットしていくと、かわいらしいトピアリー風に。

種や挿し木でふやすには

わが家のトネリコは、鳥が運んだと思われる種から成長したもの。花後につける種をとっておき、翌年の4〜5月頃、ひと晩水につけてから土にまいてふやすこともできます。また、枝を挿し木でふやせばより手軽です。4〜6月頃、切り取った枝を数時間水につけ、用土に植えつけます。乾燥させないよう水をやり、根づいたらどんどん成長していきます。小さな姿を観察しながら育てられます。

Column
4

庭と暮らし

植物が大好きなわたしは、小さい頃から庭のある家に憧れていました。
夫の転勤先である現在の場所に家を建てたのは24年前。
駅からすぐの住宅地の角地で、車1台分の小さなスペースに
憧れを詰め込んで庭づくりを始めました。

暮らしを楽しむための庭

家を建てて庭づくりを考えた時、実の成る植物を植えたいと小さなプラムを植えました。その後、オリーブ、レモンなどを追加し、料理に使えるハーブも！　と思いローズマリーやレモンバームなどを育てています。食べることができる植物を植えると、家族と収穫をしたり、できあがった料理を一緒に囲んだりと、暮らしの中にガーデニングのよさが伝わり楽しみが広がります。

わたしが子どもの頃に祖母や母が小さな庭を楽しんでいた姿が、現在のわたしを形作ったのかもしれません。庭づくりは暮らしの一部になって、いつの間にかその楽しみ方が家族にも広がっていくように思います。

左：レモン　絞ってポン酢しょうゆと混ぜたり、スライスしてはちみつに漬けています。無農薬なので皮ごと食べても安心。
右：プラム　毎年プラム酒にします（p.79参照）。

5月の庭。花がら摘みや剪定を行う。

カッティングガーデンから始まった庭づくり

　イギリススタイルのフラワーアレンジメント教室を主宰する中で、カッティングガーデンという言葉を知ったことが、庭づくりを始めたきっかけのひとつにあげられます。カッティングガーデンとは、庭から摘んだグリーンや花をアレンジメントに使うというものです。ぜひこれをレッスンに取り入れたいと考えて、庭に植える植物を選びました。ローズマリーやローズゼラニウムは育ちが早いので、レッスンで生徒さんたちがカットしてもぐんぐん育っています。

　摘みたてのハーブは香り高く、アレンジメント以外に料理にも使えるなど魅力的なため、レッスンをきっかけに庭でハーブを育て始める生徒さんもいるほどです。

庭から摘んだローズゼラニウムが入ったフラワーアレンジメント。

ロンドン・パディントン駅近くの住宅のエントランス。

バース郊外の住宅のエントランス。

イギリスから学んだ小さな庭

わたしのインスピレーションの源は、イギリスの街中にあります。仕事柄イギリスに通うようになり、個人宅の庭を観察するようになりました。大きな街の家庭の庭事情は日本とさほど変わらない印象を受けましたが、庭と呼べないような小さなスペースにも、壁を効果的に使用した素晴らしい植栽が見られ、美しい建物と植物の色合わせやバランスよく配置された鉢植えを多く見かけました。わが家の小さな庭にも使えるアイデアを発見して、アレンジして取り入れています。興味が尽きず、2年前から大学院でイギリスの女性庭園家について研究を始めました。これからその知識も含めて、仕事に生かしたいと思っています。

わたしの庭とのつき合い方

庭づくりは、どんなに小さなスペースでも始めることは可能です。樹木や宿根草、季節の花を合わせて100種類ほどを小さな庭で長く育てていると、この庭に根づいてくれるものと、残念ながら枯れてしまうものに出会うことがあります。

同じ植物を2、3回植え直しても根づかないものは、気候や日照時間、土壌などの条件がその植物には合っていないと判断しています。わたしの小さな庭も、成功と同じくらいの失敗を繰り返しながら現在のようになりました。ガーデニングを続けるよさは、植物とともに過ごすことで暮らしの楽しみ方が増え、家族や仕事にも喜びを与えてくれることと考えています。これからも新しい植物との出会いを楽しみながら、長いつき合いを楽しみたいと願っています。

バラの様子をみながら香りを楽しむ。

4章

極小ガーデニングをもっと楽しむ

わたしが小さな庭づくりを続ける中でたどりついた、初心者でもできる日々のお世話や季節の作業を紹介します。

ガーデニングの基本と日々の管理

土づくり

わが家で土づくりに使用しているものを紹介します。用途や植物の状態によって、組み合わせたり使い分けたりしています。地植えの場合は特に、乾燥気味、湿気が多い、肥沃、やせているなどの土壌によって、合ったものを使いましょう。

①花の土
培養土と呼ばれている元肥や腐葉土が入った土。手軽で使いやすく初心者におすすめ。

②腐葉土
腐葉土自体に栄養分はないが微生物を増やし、土を改良してくれる。

③馬糞（牛糞）堆肥
肥料としての効果が長く続き、花や実が成るのを助けてくれる。土がふかふかになる。

④化成肥料
効き目がゆっくりで、環境への負荷が軽減できるといわれる有機質肥料を50%配合したものを本書では使用。おもに元肥に混ぜ込んで使っている。

⑤赤玉土
弱酸性の土。排水性や保水性に富んでいる。大粒は鉢底に使用。

⑥竹炭
通気性や排水性に富み、土を改良してくれる。

燻炭：水に溶けるとアルカリ性に。雑菌の繁殖を抑え、土をふかふかにしてくれる。冬に地面にまくことで保温効果が得られる(マルチング効果と、色が黒いので地熱が上がる)。

苗の植えつけ

初心者が種から植物を育てるのはたいへんなことです。元気な苗を選んで植えつけること、その後に環境の変化で苗が弱ったりしないか、よく観察すれば、手軽にガーデニングを始められます。

アジサイの植えつけ

1 土の準備

水はけをよくするため、鉢の4分の1程度の鉢底石を入れる。その上に、花の土などの用土と腐葉土を混ぜて入れる。

2 苗を植えつける

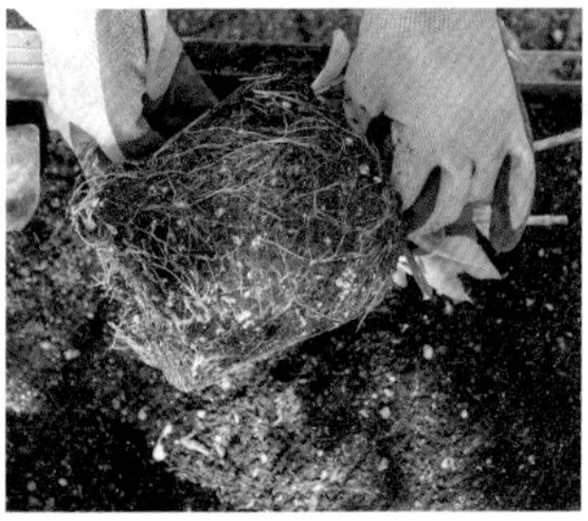

ポットから苗をそっと取り出し、詰まっている根鉢を崩す。植えつける鉢の大きさに合わせて古い根や土をカットし、植えつける。

3 水やりをする

植えつけ後は、鉢の底から水が流れ出るぐらいたっぷりと水やりする。しばらくは様子をよく観察する。

水やり

水やりの基本は、土の表面が乾いてから水をあげることです。
何日に1回などと決まっているわけではないので、天候と土の状態をみて判断します。
その基準は、土の表面が乾いているかどうか。鉢なら鉢底から流れ出るくらいの量を、
地植えならまんべんなく水がいきわたるようにしたいものです。
また、水のやり方は、植物の上から直接かけていいものと、花はもちろんのこと、
茎や葉にも直接かからないように土に水をやるほうがいい場合があります。

水やりのポイント

量……………………… 土の表面が乾いてから、たっぷりとが基本。

タイミング………… 朝の涼しいうちが基本だが、夏の暑い時期は乾いていたらあげる。

かける場所………… 直接かけていいものとよくないものを見極める。

葉にも水をかけていい植物

雨が好きなアジサイや、葉がしっかりして丈夫なローズマリーには直接水をかけて水やりしても大丈夫。冬は控える。

葉に水をかけないほうがいい植物

バラやアジサイ以外の植木鉢に植えているもの、地植えにしているほとんどのものは、根元に向かって水をやります。特にバラは、葉に水が跳ねると病気になることが多いので、葉にはかけないようにしましょう。

地植えの植物には葉に泥が跳ね返らないように、しゃがんで土に直接水をやる。水圧を低くして時間をかけて行う（写真左）。

バラは水跳ねを受けると、病害にかかったり、葉焼けを起こしやすくなったりするので特に水がかからないように気をつける（写真右）。

花がら摘み・切り戻し

花がら摘みとは、咲き終わった花を摘み取ること。
美観をキープするとともに、病気を予防して、元気な花をつぎつぎに咲かせて
長く楽しむために必要な作業です。また、伸びすぎた茎や枝を短く切り詰める切り戻しも、
すっきりと姿を整えるだけでなく、病気の予防にもなり、次の花や葉を成長させるのに効果的です。

バコパ

8月上旬　花が終わったので花がらや枯れた枝先などをカットします。

10月末頃　気温が下がって花が咲いてきました。終わった花や葉などは同様にカットします。

11月末頃　まだ花が咲き続けています。

1月末頃　長く続いた花期もいよいよ終わり。

しっかりと切り戻して春を待ちます。

ロベリア

7月末頃　暑い時期にさわやかなブルーの花を咲かせるロベリア。伸びて間延びした左側の茎を切り戻して形を整えました。右側も同様に切り戻しました。

8月末頃　厳しい暑さに負けず花が咲いています。

肥料やり

わが家の庭では、肥料分を加えた土を使えば、
追肥しなくてもいい植物がほとんどですが、バラやレモンなど
多くの養分を必要とするものにはタイミングに注意しながら与えています。
また、肥料をあげることで花や実のつきがよくなるものにも、半年に一度あげています。

バラ

1~2月頃 時間をかけて効果を発揮する固形の緩効性肥料を寒肥（寒い時期に与える肥料）として与えています。**3月頃** 新芽から葉が育ち始めた頃に、バラの肥料を与えます。その年に咲く花が決まる大切な時期の作業です。多くの肥料を必要とするイメージのあるバラですが、あげすぎは禁物。根を傷める原因となり、水の吸い上げが悪くなって、生育不良につながります。

レモン

植えつけ時のほか、収穫後（年末頃）、3月、5月に馬糞（牛糞）堆肥と緩効性肥料（骨粉入り油粕）を施します。肥料が切れると、葉の色が黄色くなったり実が成らないことがあります。結実してからは肥料分を吸収しにくいため、特に3月の施肥はその年の実りが決まる重要な時期なので、忘れずに馬糞（牛糞）堆肥と緩効性堆肥を施しましょう。

ブルーベリー

ラビットアイ系の'B・オースチン'。半年に1回、土入れ用スコップ1杯の馬糞（牛糞）堆肥を鉢の土に置き、スコップで表面にすき込んでいます。

白式部

紫式部の園芸品種、白式部の鉢植え。肥料は半年に1回の割合で馬糞（牛糞）堆肥をひとつかみ、ブルーベリー同様に与えるだけです。

クチナシ

6月に白い花、秋に赤橙色の実が楽しめる、鉢植えのクチナシ。半年に1回馬糞（牛糞）堆肥をブルーベリー同様与えています。

病害虫対策

あまり病害虫の心配のない植物を選んでより多く育てていますが、
中にはどうしても病害虫が避けられないものも。発生しやすい時期や対処方法をおさえておきましょう。薬剤はラベル（説明書）の記載内容以外には使用しないようにしましょう。

バラ

雨が多い時期に発生する黒星病は、葉に黒い斑点を見つけ次第葉を切り取ります。うどんこ病も同様に、症状が出た葉を見つけ次第切りとることで被害を抑えます。アブラムシは筆などで払い落とし、カイガラムシは見つけ次第歯ブラシ等でかき落とします。カミキリムシ、根切り虫（p.57）は見つけ次第捕殺。なるべく無農薬で育てるためには、よく観察して気をつけます。

レモン

アゲハチョウの幼虫による葉の食害に注意が必要です。よく観察すると、1mmほどの小さな卵を見つけることができます。見つけた時点で取り去ると、アゲハが来なくなるようです。卵から孵化して間もない小さな黒い幼虫のうちに捕殺したほうがよいでしょう。黄緑色の大きな幼虫になると、かなりの量の葉が食べ尽くされてしまいます。

ミモザ

イセリアカイガラムシの被害に注意が必要です。 幼虫は1、2mm程で綿毛をまとったように白く、茎の樹液を吸いながら大きくなり木を弱らせます。小さいうちは歯ブラシなどで簡単に落とすことができるので、早めの対処を。また、モンキチョウの幼虫が葉を食害しますので気をつけます。

クリスマスローズ

4～11月頃までは、灰色かび病やべと病、アブラムシやハダニなどの病害虫に注意が必要。見つけたら捕殺しますが、気になるようなら薬剤を使用します。

クチナシ

毎年8月の終わり頃にオオスカシバの幼虫に葉を食べられるので、年1回だけその頃に薬剤を散布しています。

自分でできる剪定

木を植えていると、枝葉を伸ばすので年に1、2回の剪定が必要です。
背が高いものは、高枝切りバサミを使って剪定をしています。枝の途中で切ると
枝分かれして生えてくるので、切る場所は、枝分かれしているつけ根あたりで切るようにしましょう。

アカメガシワ

生育旺盛な木のため、年に3、4回は剪定しています。葉が大きくなる前の春先に剪定しましたが、10月になり夏の間に伸びた枝を切りました。

実が成る植物は、実が小さなうちに剪定しておくと、熟した実が落ちて地面や道路を汚さなくて済みます。枝を切る時は20cm程度に切り分けるとよいでしょう。短い枝なら燃えるごみとして処理できることもあるので、処分する際は自治体に確認を。

剪定バサミの刃の根元を、枝に対して斜めに当てて切ると切りやすいです。

ローズマリー

丈夫で大株になるローズマリー。常緑で耐寒性もあるので冬でも元気です。毎年2月か3月に刈り込みと剪定を行います。樹形を整えて大きくしすぎないためにしっかりと剪定します。

剪定する前のローズマリー。冬でも青々と繁り、かなりのボリューム。

木質化した枝と葉先を思いきって剪定します。剛健なので、あまり気を遣わなくても大丈夫。

強剪定で半分以下にカットして、樹形がすっきり整いました。

株分け

育った植物の株を分ける作業を株分けといい、
植物をふやすことと、株の更新が同時にできます。
成長して密生した株の風通しがよくなり、生育がさらによくなります。

クリスマスローズ

大きく育ったクリスマスローズは、生育期の11月〜3月の間に株分けしてふやすことができます。寒い地方では、株分け後の生育が旺盛になる春に行ったほうがいいようです。写真は2月に‘ウィンターベル’を2株に分けた様子。

1 鉢からそっと抜いたら、古い土と古い根を落とします。

2 ハサミを入れて株を2つに分けます。詰まった古い根は切り落とします。

3 2株に分けました。用土は完全に落として、それぞれ新しい用土を入れた鉢に植えつけます。

4 植えつけが終わったら、鉢の底から水が流れ出るくらいたっぷり水をやります。小さくしすぎると生育が悪くなるので、気をつけます。

Column 5

やや注意が必要な植物

人気のある魅力的な植物でも、庭が小さかったり、お世話にあまり手がかけられない場合は、気をつけたほうがいいものがあります。わが家で実際に育てて、注意が必要だった植物は、

①生育が旺盛すぎて手に負えなくなる植物
②落葉の量が多いので掃除がたいへんな植物
③つるやその跡が壁にはりつくと取り除くのが困難な植物

の3つ。どの植物でもそうですが、どのように育って、どんなお世話が必要か、植える場所が適正かなど、植える前に確認しましょう。

ルリマツリ

イソマツ科ルリマツリ属(プルンバゴ属)　常緑性低木
上記①③に該当
南アフリカが原産地のため暑さに強く、0度以下にならない地域では屋外で越冬可能です。6～10月まで長い期間にわたって、白色やブルー、淡い紫色などの小さな花のかたまりが開花し続けます。半つる性で生育旺盛なので、這わせたくない場所に伸ばさないようにすることと、定期的に剪定することを心がけましょう。

ハツユキカズラ

キョウチクトウ科　テイカカズラ属　常緑性つる植物
上記①③に該当
テイカカズラの園芸品種で、新芽は濃いピンク色、成長すると緑色の地に白の斑が入り、やがて緑一色になって秋には紅葉するので、葉色の変化を楽しめる植物です。寄せ植えやグラウンドカバーなどに多用されますが、生育が旺盛でほかの植物を淘汰する場合があるのでこまめに切り戻しを。また、有毒なのでペットや小さな子どもがいる場合は誤食などに気をつけましょう。

ナツヅタ

ブドウ科ツタ属　落葉性つる植物　上記①②③に該当
ナツヅタは地植えなら水やりもほぼ不要で肥料もいらず、とても丈夫で壁に這うようにしてよく育ちます。緑のツタの葉が壁を覆う家は雰囲気があって素敵ですが、あまりに繁ると室内の日当たりが悪くなるので注意が必要です。また、秋には美しく紅葉しますが、その後大量に落葉するので頻繁に掃除することが必要です。

トネリコ

モクセイ科トネリコ属　落葉樹　上記①③に該当
つややかな緑の葉が美しいトネリコ。成長が早いので、地植えするとどんどん成長していきます。鉢植えでコンパクトに育てるのがおすすめですが、鉢の底から根を伸ばして動かせなくなることもあるので気をつけます。近縁種の常緑樹、シマトネリコも生育旺盛ですが、トネリコは冬に葉を落とします。

フィカス・プミラ

クワ科フィカス属　常緑性低木　上記①③に該当
細い茎に茂らせる丸く小さな葉がかわいらしいフィカス・プミラ。鮮やかなグリーンの葉に黄色や白色の斑が入り、枝は木質状になり、着生するので誘引して自由な形にできます。生育旺盛で壁に這わせるとどんどん伸びるので、アイアンなどにからませてこまめに切り戻しをしましょう。

ミモザ

マメ科アカシア属　花木
上記①に該当
春を告げる花として人気のミモザ。シルバーがかった緑の葉に、小さな黄色い花をたくさんつけて、景色を鮮やかに彩ります。生育旺盛で、地植えにすると数年で5mを超える高さになるので、小さな庭には鉢植えがおすすめ。花後にかならず剪定をしてコンパクトに仕立てましょう。また、たくさん落ちる花がらにも気をつけます。

夏の作業

夏の暑さを乗りきるために、真夏を迎える前にハーブなどの切り戻しをしています。
通常の切り戻しのように、風通しがよくなって蒸れを防ぐとともに、夕立などの降雨による泥跳ねの影響を小さくします。また、春の花が終わった後、何も植えないコーナーを作り、
年末の植えつけ（チューリップの球根やゼラニウム類の挿し芽）に備えて土づくりもしておきます。

夏の切り戻し

伸びすぎて倒れてきたハーブのネペタ（キャットミント）。花が咲いた後、徒長した茎や色が悪くなった葉をカットして、夏の暑さに備えます。

コンパクトに刈り込みが完了しました。短く切るとより丈夫になって、毎年花を咲かせます。

夏の土づくり

パンジーやビオラなど、一年草の春の花が終わって、空いたスペースに新しい花の土と馬糞（牛糞）堆肥、燻炭を追加します。

混ぜて土をならして完了。夏の間はほかの植物も生育旺盛なので、新たな植物は植えず、年末頃に翌春に咲く花か球根を植えつける予定です。

冬の作業

古い株を残すより、毎年挿し芽でふやすほうが新しく美しい葉が出るので、
古い株を抜いて挿し芽にしたり、古い地上部を切り取ったりしています。
チューリップの球根をまとめて植えつけたり、寒さ対策として燻炭でのマルチングや、
オフシーズンの土づくりなどもしています。

地上部の更新と球根の植えつけ

2月頃　レモンゼラニウム、クリスマスローズ、オダマキ、レモンバーム、ジギタリスは寒さに負けず青々としています。

レモンゼラニウムとシロタエギクは来シーズンのために抜いて挿し芽をし、レモンバームとオダマキは新芽を残して枯れた地上部を刈り取りました。

株がふえていたジギタリスは、分けて挿し芽にしました。植えっぱなしにしているヒヤシンスの芽が出てきています。

チューリップの球根25球を、下記の土づくりの10日後に植えました。詰めて植えることで、咲いた時の華やかさが増します。

冬の土づくり

植物が枯れたり、抜いたりして空いたスペースで、土づくりをしておきます。1m×50cmのスペースに、土壌改良剤と馬糞（牛糞）堆肥、竹炭を各ふたつかみ、直接置いて化成肥料をひとつかみ、土にすき込みます。

谷川文江 たにがわ・ふみえ

株式会社アトリエフィーズ代表取締役。一般社団法人フラワーワークスジャパン代表理事。京都芸術大学芸術学部デザイン科卒業。同大学院芸術研究科修士課程修了。1996年フラワースクール「アトリエフィーズ」を設立。2000年兵庫県西宮市に自ら設計素案・デザインしたイギリスのゲストハウスをイメージしたフラワーサロンをオープン。2013年一般社団法人フラワーワークスジャパンを設立し、講師の育成にも力を注いでいる。「花とインテリアを通じて暮らしを楽しむ文化を創造する」を理念に幅広く活動している。著書に『切り花を２週間長もちさせる はじめての花との暮らし』（家の光協会）。

https://atelierfs.blue-glim.com/
https://www.flowerworksjapan.or.jp/

デザイン……………宮坂佳枝
撮影……………谷川孝幸
写真・イラスト……………谷川文江
校正……………ケイズオフィス
DTP制作……………天龍社

狭くても美しく心地よい空間づくり
はじめての極小ガーデニング

2024年4月20日　第1刷発行

著　者　谷川文江
発行者　木下春雄
発行所　一般社団法人 家の光協会
〒162-8448　東京都新宿区市谷船河原町11
電話 03-3266-9029（販売）03-3266-9028（編集）
振替 00150-1-4724
印刷・製本　図書印刷株式会社

ISBN 978-4-259-56796-5 C0061